Bernerland

Rundwanderungen zwisch...

Inhalt

- 2 Bernerland – Wanderland
- 4 Übersichtskarte
- 6 Routenverzeichnis
- 8 Die Markierung der Routen
- 10 **Berner Jura,** Routen 1–5
- 22 **Seeland,** Routen 6–10
- 34 **Oberaargau,** Routen 11–15
- 46 **Emmental,** Routen 16–20
- 58 **Vor den Toren der Bundesstadt,** Routen 21–25
- 70 **Berner Oberland,** Routen 26–30

Die gelben Seiten (Nützliche Hinweise)
- 82 Kartenverzeichnis
- 84 Karte und Kompass
- 86 Die 6 grünen Regeln
- 88 Bergwandern – aber sicher!
- 90 Steckbrief der Berner Wanderwege
- 91 Notfall – was nun?
- 94 Register
- 96 Die Berner Wanderwege – online

Herausgeber: **Berner Wanderwege,** Postfach, 3000 Bern 25
Bearbeitung und Redaktion: Rudolf Künzler

Herstellung/DTP: Walter Mühlethaler, Köniz
Fotos: Berner Wanderwege, S. 9, 10/11, 13, 19, 21, 22/23, 29, 31, 45, 53, 55, 57, 58, 61, 65, 83
Hofmann Arno, S. 17; Kur-+Verkehrsverein Grindelwald, S. 79; Massé Jean-Marie, S. 27;
Niederhauser Markus, S. 33, 39, 41, 43, 49, 63, 67; Jura bernois Tourisme JBT, S. 3, 15;
Schwefelbergbad Romantik-Kurhotel, S. 69; Verkehrsverband Berner Mittelland, S. 25, 34/35, 37, 51, 58/59; Verkehrsverband Emmental, S. 46/47; Verkehrsverein Kandersteg, S. 77;
Zbären Ernst, S. 8, 70/71, 73, 75, 81, 87.

© 2002 **Berner Wanderwege,** Postfach, 3000 Bern 25
Die Herausgeber dieses Wanderbuches sind für ergänzende Anregungen dankbar.

Berner Wanderwege
Chemins pédestres bernois

Bernerland – Wanderland

«Ds Bärnerland isch i der Morgestilli gläge mit aller syr währschafte brave Schönheit, mit sym Rychtum, mit syr Andacht und Liebi und Treui. Wärs nid gseh het, ersinnets nid, und niemer cha säge, wie schön es isch.» So besingt der Schriftsteller Rudolf von Tavel seine Heimat.

Obwohl moderne Strömungen und technische Errungenschaften den Kanton Bern ebenfalls prägen, vermochte er glücklicherweise seine Eigenart zu wahren. Jede seiner vielfältigen Landschaften strahlt ihren ganz besonderen Reiz aus: die ausgedehnten Weiden und stattlichen Tannengruppen auf den Jurahöhen, die beinahe unendlichen fruchtbaren Flächen des Mittel- und des Seelandes, die sanften Hügel des Oberaargaus, die tiefen «Chrächen» und lichten Eggen des Emmentals und schliesslich die schroffen Felsen und schneegleissenden Gipfel des Oberlandes.

«Sächs Stube sy im Bärner Hus – e jedi darf sech zeige! 's het jedi öppis Schöns vorus, u Guets u öppis Eiges.» Dieses Loblied auf die Vielgestaltigkeit des Bernerlandes scheint um so berechtigter, als der Kanton Bern einer Schweiz im Kleinen gleichkommt. Mit Ausnahme der Waadt besitzt kein anderer Kanton Anteil an allen drei Landschaftscharakteren: Jura, Mittelland und Alpen. Dank seiner Zweisprachigkeit wirkt er zudem als Bindeglied zwischen germanischer und romanischer Kultur.

Was könnte schöner sein, als das Erwandern dieser vielseitigen Landschaft! Das Schrittmass bleibt das auf den Menschen zugeschnittene, ihn nicht überfordernde, ureigenste Fortbewegungsmass. Einzig dieses Mass vermittelt eine vertiefte Einsicht in die Eigenheiten eines Landstrichs und gewährt auch genügend Raum für das «Wunder am Wege». Vermehrt müssten wir zu diesem Mass zurückfinden und dadurch eine Landschaft gründlich erleben, statt sie zu erhasten.

Rundwanderungen haben den Vorteil, dass sie wieder zum Ausgangspunkt zurückführen. Damit fallen viele Probleme der An- und Rückreise weg. Auch können Verlängerungen und Abkürzungen beliebig eingebaut werden. Dennoch sollen mit diesem Büchlein nicht allein die Automobilisten angesprochen werden. Obschon das Auto – vernünftig eingesetzt – nicht mehr aus dem heutigen Alltag wegzudenken ist, sei doch auch auf den vorzüglich funktionierenden öffentlichen Verkehr hingewiesen. Und wie schön ist es, nach erlebnisreicher Wanderung eine sorgenfreie Rückfahrt ohne nervenaufreibenden Stau zu geniessen.

Halten wir es darum mit dem Zinniker-Wort: «Die Welt offenbart uns ihren Reichtum erst, wenn wir ihn Schritt um Schritt mit wachem Geist erwandern!»

Rudolf Künzler
Präsident der Berner Wanderwege BWW

Die Vielfalt der Landschaften im Kanton Bern lässt für Wanderfreudige keinen Wunsch offen. Wer sich gerne mit dem Berg misst, wählt Emmentaler und Oberländer Routen (Umschlagbild: Ausblick von den Emmentaler Höhen zur Gantrischkette). Liebhaber von weiten Landschaften bevorzugen den Oberaargau, das Seeland und den Berner Jura (Bild: Blick über die Montagne de Diesse und übers Mittelland zu Eiger, Mönch und Jungfrau).

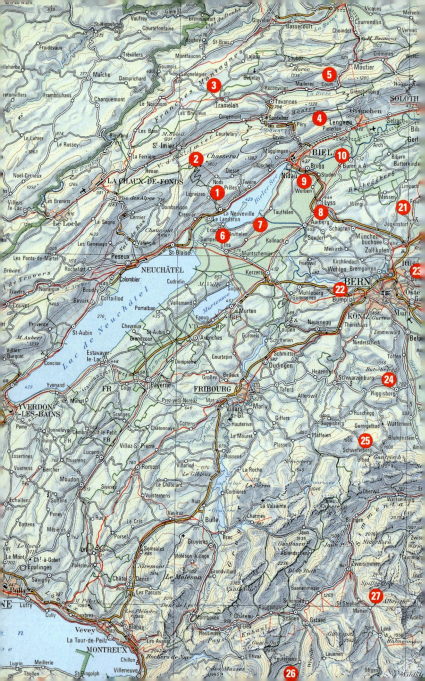

Routenverzeichnis

Berner Jura

Wanderzeit | Seite

1. **Über den Rebhängen am Bielersee**
La Neuveville–Combe du Pilouvi–Bas de la Praye–
Prêles–Schernelz–La Neuveville — 4h10 — 12
2. **Durchs Naturschutzreservat Combe Grède zum Chasseral**
St-Imier–Combe Grède–Chasseral–Métairie des Plânes–
La Perrotte–St-Imier — 4h50 — 14
3. **Rund um den Etang de la Gruère**
Les Reussilles–La Chaux des Breuleux–Etang de la Gruère–
Gros Bois Derrière–Le Cernil–Les Reussilles — 3h45 — 16
4. **Über Juraweiden hart an der Sprachgrenze**
Plagne–Prés de la Montagne–Montagne de Romont–
Romont–Vauffelin–Plagne — 3h30 — 18
5. **Durch die Gorges de Court**
Moutier–Gorges de Court–Court–Pâturage de Mont Girod–
Petit Champoz–Moutier — 5h25 — 20

Seeland

6. **Am Rande des Grossen Mooses**
Gampelen–Jolimont–Tüfelsburdi–Erlach–Tschugg–Gampelen — 3h15 — 24
7. **Über Ufer- und Höhenwege am Bielersee**
Lüscherz–Gerolfingen–Täuffelen–Hagneck–Gurzelen–Lüscherz — 3h50 — 26
8. **Zwischen Alter Aare und Frienisberger**
Lyss–Aarberg–Lobsigen–Aspi–Vogelsang–Lyss — 3h45 — 28
9. **Zu Kelten und Römern am Jäissberg**
Port–Jäissberg/Chnebelburg–Keltenwall–Petinesca–
Bürglen–Port — 2h30 — 30
10. **Rund ums Naturschutzgebiet Häftli**
Büren a.A.–Meinisberg–Im Cheer–Alte Aare–Häftli–Büren a.A. — 2h50 — 32

Oberaargau

11. **Auf Panoramawegen durchs Bipperamt**
Rumisberg–Stierenberg–Höllchöpfli–Schwängimatt–
Wolfisberg–Rumisberg — 4h50 — 36
12. **An rauschenden Wassern zu sehenswerten Kirchen**
Aarwangen–Wynau/Kirche–Murgenthal–Roggwil–Wynau–
Muemetaler Weier–Aarwangen — 3h20 — 38
13. **Zu eiszeitlichen Riesen und zur Wohnstätte steinzeitlicher Menschen**
Herzogenbuchsee–Rain–Steinhof–Burgäschisee–
Niederönz–Herzogenbuchsee — 2h30 — 40
14. **Durch stille Wälder zur 150-Gipfel-Sicht**
Melchnau–Hohwacht–Schmidwald–Fribach–
Gondiswil–Melchnau — 3h30 — 42

15	**An stolzen Bauernsitzen vorüber** Dürrenroth–Chabisberg–Gansenberg–Ursenbach– Walterswil/Höchi–Dürrenroth	3h40	44

Emmental

16	**Zur Aussichtswarte Lueg (Heiligenlandhubel)** Heimiswil–Gärstler–Lueg (Heiligenlandhubel)–Rotenbaum– Schindlenberg–Heimiswil	2h30	48
17	**Wo die zahmen Wildbäche entspringen** Eriswil–Fritzenflue–Brästenegg–Ahorn–Chalberweid–Eriswil	3h30	50
18	**Napfgebiet: Wo Köhler und Goldwäscher zu Hause sind** Fankhaus–Chrüzboden–Trimle–Napf–Höhstullen–Fankhaus	4h45	52
19	**Moosegg: Inbegriff für Aussicht und Gastlichkeit** Signau–Ofeneggalp–Blasenflue–Moosegg–Egguried–Signau	3h	54
20	**An der Nordflanke des Hohgant** Innereriz/Säge–Rotmoos–Ober Breitwang–Grüenenberg– Fall–Innereriz/Säge	3h30	56

Vor den Toren der Bundesstadt

21	**Durch Berns Kornkammer** Fraubrunnen–Büren zum Hof–Brunnenthal–Scheunen– Iffwil–Fraubrunnen	4h	60
22	**Dem Gäbelbach entlang zum Wohlensee** Bern/Gäbelbach–Riedbach-Mühle–Frauenkappelen–Wohlei– Riedernhubel–Bern/Gäbelbach	3h10	62
23	**Rund um den Bantiger** Stettlen–Ferenberg–Chlosteralp–Laufenbad–Bantiger–Stettlen	4h15	64
24	**Zu Kulturstätten auf dem Längenberg** Rüeggisberg–Vorderfultigen–Bütschelegg–Oberbütschel– Mättiwil–Rüeggisberg	3h45	66
25	**Zu Alpenluft und Schwefelduft** Gurnigel/Wasserscheide–Selibüelsattel–Schüpfenflue– Süftenegg–Schwefelbergbad–Gurnigel/Wasserscheide	2h45	68

Berner Oberland

26	**Über lichte Alpweiden zum verträumten Bergsee** Feutersoey–Hinter Walig–Seeberg–Arnensee– Linders Vorschess–Feutersoey	5h15	72
27	**Im Färmeltal – mit der Natur auf «du und du»** St. Stephan–Dachbode–Bluttlig–Färmelberg– Färmeltal/Stalde–Matten	6h30	74
28	**Im Banne der Blüemlisalp** Kandersteg–Oeschinen–Heuberg–Oberbärgli– Oeschinensee–Kandersteg	5h	76
29	**Im Wanderparadies Grindelwald-First** First–Hagelseewli–Häxeseeli–Wart–Scheidegg/Oberläger–First	6h	78
30	**Rund ums Glogghüs – Bergerlebnis total** Käserstatt–Planplatten–Balmeregghorn–Melchsee-Frutt– Hochstollen–Käserstatt	7h40	80

Markierung der Routen

Wandern im Kanton Bern ist dank der einheitlichen, zuverlässigen Markierung ein reines Vergnügen!

Die angegebenen Wanderzeiten basieren auf einer Streckenlänge von 4,2 km in der Stunde. Besondere Wegverhältnisse, schwieriges Gelände, Steigungen und Gefälle sind mitberücksichtigt. Rastzeiten sind nicht eingerechnet.

Damit bei der Planung einer Wanderung der Schwierigkeitsgrad bereits mitberücksichtigt werden kann, sind die beschriebenen Wanderrouten mit denselben Symbolen gekennzeichnet.

Wanderweg

Wege für jedermann.

Ausrüstung: Festes Schuhwerk und der Witterung angepasste Kleidung empfohlen.
Gefahren: Wanderwege können in der Regel gefahrlos begangen werden. Bei Nässe, Schnee und Eis ist die Rutschgefahr zu beachten.

Bergwanderweg

Die Begehung von Bergwanderwegen stellt höhere Anforderungen bezüglich Ausdauer, Bergtüchtigkeit, Trittsicherheit, zuweilen auch bezüglich Schwindelfreiheit.

Ausrüstung: Feste Bergschuhe mit griffiger Sohle, Kälte-, Sonnen-, Wind- und Regenschutz gehören zur Grundausrüstung. Taschenapotheke, topografische Karte, Kompass und Höhenmesser leisten gute Dienste.
Gefahren: Witterungseinbrüche (Kälte, Wind, Regen, Schnee, Eis und Nebel) können unvermittelt auftreten. Vorsicht auf steilen und nassen Grashängen und beim Queren von Schneefeldern!

Kulturweg

Kulturwege führen in der Regel über Wander- und Bergwanderwege, zuweilen auch über schwach befahrene Strässchen mit Belag. Sie nehmen sich meist eines besonderen Themas an und sind darum speziell (braun) bezeichnet.

Ausrüstung: Sohlengefedertes Schuhwerk verhindert Ermüdungserscheinungen beim Begehen von Strässchen mit Belag.
Gefahren: Beim Begehen von Strässchen ist dem Verkehr besondere Aufmerksamkeit zu widmen.

Alpine Route

Nahziel 45 min
Zwischenziel 1 h 30 min
Routenziel 3 h

Nicht zur Kategorie der Wanderwege gehören die alpinen Routen. Sie führen im Gebirge teilweise durch wegloses Gelände, über Schneefelder und Gletscher sowie durch Fels mit kurzen Kletterstellen. Die Begehung alpiner Routen setzt gründliche Bergerfahrung oder den Beizug eines Bergführers voraus.
Ausrüstung: Zusätzlich zur Berg-Wander-Ausrüstung gehören grundsätzlich Taschenapotheke, topografische Karte, Kompass, Höhenmesser, Seil und Pickel.
Gefahren: Die Begehung von Geröllhalden, Steinschlagrunsen, Schneefeldern und Gletschern ist mit grossem Risiko verbunden. Der erhöhten Lawinengefahr im Frühsommer und den plötzlich auftretenden Wetterumstürzen ist besondere Beachtung zu schenken.

Zeichenerklärung. Legende zu den Routenkärtchen und zu den Profilen:

🚆	Bahnstation	🎿	Sesselbahnstation	🏰	Schloss
🚌	Busstation	⛪	Ortschaft mit Kirche	🏚	Ruine
⛴	Schiffstation	🏘	Dorf oder Weiler	🌲	Wald
	Standseilbahnstation	🏠	Einzelgebäude	✯	Aussichtspunkt
🚠	Luftseil-, Gondelbahnstation	🏨	Gasthaus mit ⊨ Betten ⊢ Nachtlager	🏛	Denkmal

Zeitangaben

Die in den Profilen vermerkten Wanderzeiten beziehen sich immer auf den Ausgangspunkt der Route.

Berner Jura: Routen 1–5

Augenfällig im Berner Jura ist der vorherrschende Dreiklang der Farben: Grün sind Wald und Weide, weiss leuchten Hausfassaden und Felswände, und blau ist der Himmel über den langgezogenen Bergketten. Die Landschaft strahlt eine unerschütterliche Ruhe und Beständigkeit aus, obwohl deren Geschick von stetem hartem Ringen geprägt war. Fleiss und Ausdauer wurden von den Menschen gefordert, die im 7. Jh. dem wilden Waldgebirge karges Kulturland entrissen. Zähigkeit und Standhaftigkeit brauchten die wegen ihres Glaubens Verfolgten, welchen in den Freibergen, auf 1000 m Höhe, Siedlungsraum angeboten wurde. Erfindergeist und Qualitätsarbeit waren gefragt, als es galt, das Überleben auf dem kargen Boden durch Industrialisierung (z. B. Uhren-Industrie) zu sichern.
Auch um die Grenzverläufe wurde – bis in die heutige Zeit – zäh gerungen. Der aufkeimende Separatismus nach Mitte des 20. Jhs. schied die Jurassier in zwei Lager. 1979 entschieden sich die Amtsbezirke Moutier, Courtelary und La Neuveville für einen Verbleib beim Kanton Bern. Geschicktes politisches Vorgehen trug in den letzten Jahren zur Entspannung bei. Bild: Blick über Sornetan Richtung Freiberge.

1 Über den Rebhängen am Bielersee

4h10 La Neuveville–Combe du Pilouvi–Bas de la Praye–Prêles–Schernelz–La Neuveville

Interessante Wanderung aus dem alten Städtchen La Neuveville durch die enge Combe du Pilouvi auf die weite Hochmoor-Ebene der Montagne de Diesse (Tessenberg) mit ihren Hecken, Hainen und Wäldchen. Beeindruckend der Blick über die sich fast endlos dahinziehende Jurakette. Vor Prêles Abstiegs-Variante über den Châtillon nach La Neuveville, in Schernelz Variante durch die Reben am berühmten Stadtberner Weingut Schafis (Chavannes) vorüber oder direkt hinunter in den gepflegten Winzerort Ligerz. In der Nähe der Siedlungen und in den Reben längere Teilstücke auf Hartbelag.

La Neuveville, die alte Kleinstadt am Bielersee, ist die erste Ortschaft jenseits der Sprachgrenze. Sie ist heute Winzer-, Industrie- und Schulstadt in einem. Weltbekannt sind ihre vorzüglichen Internate. Die gut erhaltene, malerische Altstadt mit ihren engen Gassen und den niedrigen Laubengängen verrät burgundischen Einfluss.

Vom See her unter dem gezackten Torbogen der Tour de Rive in den Stadtkern mit den schönen Brunnen. Etwas abseits liegt die Blanche Eglise (9. Jh.), die auf eine Kapelle aus der Karolingerzeit zurückgeht. Nun durch die Tour Rouge (Zeitglockenturm) und an der katholischen Kirche vorüber zu den Wasserfällen (La Cascade) und auf einem Treppenweg hinauf zum Schlossberg. Sobald die Strasse den Wald berührt, hält man

WEINBAU AM JURA-SÜDHANG. Der seeländische Rebbau dehnt sich heute über rund 230 ha aus (ohne Mont Vully). An den südlichen Hängen des Bielersees zieht sich von Vingelz über Tüscherz–Alfermée–Twann–Ligerz–Schafis bis nach La Neuveville ein zusammenhängendes Band von Rebgärten dahin. Vermutlich hatten bereits die Römer den Rebbau ins Seeland gebracht. Im Mittelalter förderten insbesondere die Mönche die Weinkultur. Sie gaben ihre Kenntnisse an die ansässigen Bauern weiter. Da die seeländischen Traubensäfte sehr beliebt waren, versuchten vor allem die Klöster sich Rebberge zu sichern. Stolze Trotten- oder Herbsthäuser (z. B. in La Neuveville: Bern-Haus) erinnern an diese Zeiten. Während aus der Rebsorte «Gutedel» (Chasselas) ein blumiger, spritziger Weisswein gewonnen wird, findet neuerdings auch der harmonische Rotwein aus der Blauburgunder-Rebe (Pinot noir) vorzüglichen Anklang.

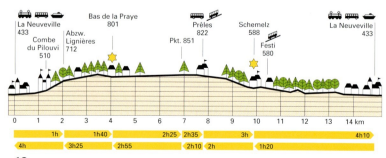

in die enge *Combe du Pilouvi* und steigt nun auf gutem Weg im Wald steil bergan. Nach 200 m Steigung, bei der Abzweigung nach **Lignières** (nach Lignières 30 min), verlässt man den Bachlauf und erreicht, am Hof Champ Fahy vorüber, die Waldkuppe der La Baume überschreitend die Höhe der Montagne de Diesse (Tessenberg). Von **Bas de la Praye** aus geniesst man einen herrlichen Blick über die einst mit Sümpfen durchsetzte, heute restlos kultivierte Hochmoor-Ebene zum beinahe endlosen Chasseral-Wall. In der Geländemulde die von Wäldchen umstandenen Gebäudegruppen des Gutsbetriebs La Praye und des Jugendheims Prêles (Châtillon).

Der weitere Weg zieht sich dem bewaldeten Hügelrücken entlang. Bei **Pkt. 851** (nach La Neuveville 1h35) besteht die Möglichkeit, die Rundwanderung mit einem erholsamen Waldspaziergang zu beschliessen. Bereits liegen jedoch die Häuser von **Prêles** (zur Bergstation der Ligerz-Tessenberg-Bahn 10 min) voraus. Die vorzügliche Lage mit prächtiger Sicht auf Mittelland und Alpen trägt dazu bei, dass sich der Ort langsam vom stattlichen Bauerndorf zur Feriensiedlung wandelt.

Nun wendet man sich wieder seewärts. Erst am Friedhof vorbei, über freie Weiden, dann steil durch den Wald hinunter zu dem in sonniger Höhenlage über den Rebbergen liegenden **Schernelz** (nach Ligerz 30 min, nach La Neuveville über den teilweise asphaltierten Rebenweg 1h10). Über den Reben, im Wald und am Waldsaum, bei der Häusergruppe *Festi* das Trassee der Tessenbergbahn (fakultative Haltestelle) unterquerend, geniesst man prächtige Ausblicke auf See, Mittelland und Alpen und findet durch die Neuquartiere im Osten des Städtchens zurück nach **La Neuveville.**

Reben am Bielersee. Das Rebgebiet des Amtsbezirks La Neuveville erstreckt sich bis an den Dorfrand von Ligerz. Es ist mit 87 Hektaren das grösste Weinanbaugebiet des Kantons Bern und umfasst auch das berühmte Stadtberner Weingut Schafis.

Gasthäuser unterwegs
Hôtel de l'Ours ⌂, 2515 Prêles
✆ 032 315 12 03
Restaurant Panorama
Bergstation Tessenberg, 2515 Prêles
✆ 032 315 12 80
Restaurant Aux Trois Amis
Schernelz, 2514 Ligerz
✆ 032 315 11 44

2 Durchs Naturschutzreservat Combe Grède zum Chasseral

4h50 St-Imier–Combe Grède–Chasseral–Métairie des Plânes–La Perrotte–St-Imier

Bergwanderweg in der Combe Grède. Wildromantischer Wanderweg durch die enge Schlucht, inmitten des Naturschutzreservates. Auf felsigen, feuchten Treppen und über Leitern überwindet er eine hohe Kalksteinwand und erreicht über Hochweiden den Aussichtspunkt Chasseral. Der ebenfalls über die Chasseral-Nordflanke führende Abstieg mündet mit unterschiedlichem Gefälle über lichte Bergweiden und durch dunkle Tannenwälder in den Talboden. Der Aufstieg ist im Winter nicht passierbar. Vorsicht auch bei schlechtem Wetter! Kaum Hartbelag.

Bei der Station **St-Imier** durch die Personenunterführung und auf gepflastertem, von Ahornen gesäumtem Weg zur ehemaligen Uhrenfabrik Longines hinunter. Hinter dem Fabrikgebäude schräg hangaufwärts und beim Sportplatz durch eine ebene Allee und über Weide talauswärts. Schöner Blick auf St-Imier und Villeret. Im Wald biegt man wieder hangwärts um und erreicht den von Villeret aufsteigenden breiten Waldweg. Nun beginnt am meist ausgetrockneten Bachlauf der Aufstieg durch die enge Waldschlucht **Combe Grède**. Der 900 m lange Kalkfelsenkessel wurde 1932 unter dem Namen «Parc jurassien de la Combe Grède» unter Schutz gestellt. Das Schutzgebiet reicht vom unteren Waldsaum bis zum Chasseralgrat hinauf. Enziane, Anemonen und Farne aller Art entzücken das

VON KLAUSEN WEIHNACHTSFRAUEN UND HEXEN. Zwei riesige, senkrechte Felsmauern türmen sich zu beiden Seiten am Eingang der Combe Grède. Sie scheinen jeden Augenblick über ihr zusammenzubrechen. Die Kluft wirkt anfänglich so düster, dass man sich unversehens an den Eingang einer grossen, finsteren Höhle versetzt fühlt. Kein Wunder, dass diese geheimnisvolle Stätte zur Wiege alter Sagen geworden ist. So glaubten die Leute des St. Immertales hier die Werkstatt des St. Nikolaus und die Höhle seiner Gehilfinnen, der Weihnachtsfrauen, zu finden. Auch haben sie sich hier Hexen vorgestellt, die im Schutze der Felsen den erntevernichtenden Hagel bereitstellten.
Den Abschluss der Combe bilden wieder zwei schroffe Wände: die Corne de l'Est und die Corne de l'Ouest. Auf der letztgenannten Höhe befindet sich die luftige Chaise à l'Evêque (= Bischofssitz). Ein einzigartiger Aussichtspunkt, welcher vogelschauartige Tiefblicke vermittelt.

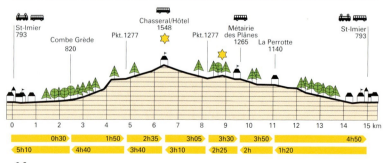

Auge unterwegs, und wer besonders Glück hat, erspäht gar einen seltenen Frauenschuh.

Nun wird der Weg rauher, steigt über Stufen stark an und überwindet eine sehr steile Schluchtpartie über Metallleitern und eingehauene Stufen. Der Weg ist gut gesichert, setzt aber doch vorsichtiges Begehen voraus. Bald weitet sich der Blick zum Mont Soleil hinüber. Schliesslich gelangt man auf eine ebene Waldlichtung, aus der im Frühsommer ein Meer von hohen Kerbeln und anderen Blumen leuchtet. Am Wegweiser **Pkt. 1277** und am Brunnen vorbei bergan und auf sehr steinigem Weg zum Weidesattel am Fuss des Chasseral-Nordhangs. Bald sind Grathöhe und **Hotel Chasseral** erreicht. Die Aussicht ist überwältigend. Das beim Hotel aufgestellte Panorama nennt 160 einsichtbare Gipfel zwischen Säntis und La Dôle, dazu kommt der unvergleichliche Tiefblick aufs Mittelland. Noch umfassender ist der Rundblick beim 20 min weiter östlich liegenden Gipfelsignal, wo auch das dominierende Bauwerk der PTT steht. Unvergleichlich abwechslungsreich gestaltet sich der Abstieg nach St-Imier. Von der ersten Steilstufe aus geniesst man zwischen den beiden Rundhöckern der Egasse hindurch den Blick auf die westlichen Freiberge.

Beim Wegweiser **Pkt. 1277** durch Wald leicht ansteigen und erneut hinunter zur inmitten von Ahornen liegenden **Métairie des Plânes**. Über einen niedrigen bewaldeten Hang erreicht man bei **La Perrotte** die Terrasse von Les Pontins. Die Wanderung über die von kleinen Tannenwäldchen, Gebüschhecken und Steinmäuerchen aufgelockerte Hochebene ist besonders wohltuend. Bei La Baillive wird der Tiefblick auf das schachbrettartig angeordnete St-Imier frei (ab Métairie des Plânes, La Perrote und La Baillive sind die Bushaltestellen des Busbetriebes St-Imier–Chasseral fast ebenen Wegs erreichbar). Durch dichten Tannenwald gehts schliesslich steil hinunter nach **St-Imier**.

Mit 1607 m Höhe die höch Erhebung im Berner Jura, ist der Chasseral ein einzigartiger Aussichtspunkt. Die beim Hotel aufgestellte Panoramatafel nennt 160 einsichtbare Gipfel zwischen Säntis und La Dôle.

Gasthäuser unterwegs
Hôtel Chasseral ⌧ ⌂, Chasseral, 2518 Nods
✆ 032 751 24 51 oder ✆ 079 443 48 02
Fax 032 751 62 24
Métairie des Plânes ⌧ ⌂
2610 Les Pontins ✆ 032 941 47 55

③ Rund um den Etang de la Gruère

3h45 Les Reussilles–La Chaux des Breuleux–
Etang de la Gruère–Le Cernil–Les Reussilles

Leichte Wanderung diesseits und jenseits der Kantonsgrenze ohne nennenswerte Höhendifferenzen in einer parkähnlichen Landschaft: Geschlossene Wälder wechseln ab mit bewaldeten Weiden, offene Weideflächen mit ausgedehnten Moorgebieten, Einzelhöfe mit Weilern und Dörfern. Über der ganzen Landschaft liegt eine beeindruckende Weite und Ruhe. Beachtenswertes Kleinod am Wanderweg ist der dunkle, vielarmige Moorweiher Etang de la Gruère. Die vielen markierten, in der Karte vermerkten Varianten gestatten eine individuelle Gestaltung der Wanderung. Einzelne Teilstücke auf Hartbelag.

Von **Les Reussilles** in geringer Entfernung dem Bahngeleise Richtung Les Breuleux folgen. Beim Wegkreuz an der Bahnlinie die Geleise überschreiten und über einen sanften Hügelkamm waldwärts ansteigen. Die Hügelflanke trägt den Flurnamen La Paule und weist darauf hin, dass sich in dieser Gegend vom 16. bis ins 18. Jh. von Bern verfolgte Täuferfamilien niedergelassen haben, unter welchen sich auch ein Familienoberhaupt namens Paul befunden haben muss. Von der Anhöhe **Sur le Crêt** schöne Sicht auf die Montagne du Droit im Süden und über die sanften Hügelwellen der Freiberge im Norden.

Durch geschlossene Waldstücke, über Weiden und durch lockeren Baumbe-

DAS HOCHPLATEAU DER FREIBERGE umfasst eine Fläche von rund 200 km², liegt durchschnittlich auf einer Höhe von 1000 m und zählt tektonisch zum Faltenjura. Die Kuppen der einstigen Juraketten wurden abgetragen, so dass heute nur noch sanfte Hügel von deren Existenz zeugen. Flussläufe fehlen fast gänzlich auf dieser weitgehend verkarsteten Hochebene. Und obwohl die Niederschlagsmengen hier grösser sind als im Mittelland, leiden die Freiberge oft unter Trockenheit.
Einzig an Stellen mit wasserundurchlässigen Schichten bildeten sich Flach- und Hochmoore und Weiher, von denen der nordisch anmutende Etang de la Gruère der wohl bekannteste ist. Um diese rauhe Landschaft dauernd zu besiedeln, erliess der Bischof von Basel 1384 einen Freibrief, wonach Einwanderer und deren Nachkommen auf selbstgerodetem Grund für alle Zeiten von Zinsen und Zehnten befreit sein sollten. In harter Arbeit rodeten die Zuzüger die Waldberge, die fortan «Freiberge» genannt wurden.

16

Die Ufer des Etang de la Gruère sind mit seltenen Pflanzen bewachsen, wie sie in Europa nur noch in Norwegen vorkommen.

In etwas erhöhter Lage, jenseits der Senke, der Weiler **La Chaux-des-Breuleux**, von wo ein Strässchen über den sanften Hügelrücken Le Chaumont zur Strassenkreuzung bei **La Theurre** führt (nach Saignelégier 1h). Jenseits der Hauptstrasse liegt, etwas abseits, der waldumsäumte, verträumte **Etang de la Gruère** (Rundgang um den Moorweiher 1h).

Dem Nordufer des Teiches entlang nach **Petite Theurre,** dann durch lichten Wald und über moorige Weiden weiter zum Hof *Gros Bois Derrière.* Wieder ein herrliches Stück Freiberger Landschaft mit ihrer beeindruckenden Vielfalt.

Das Strässchen kreuzen und durch eine ausgeprägte Mulde südwärts halten. Nun wird wieder die Sicht zum Falten-Jura frei, und leicht ist der weitere Weg durch die Chaux de Tramelan nach **Le Cernil** zu verfolgen. In Le Cernil nochmals südwärts abschwenken. Nach wenigen Minuten erreicht man eine leichte Anhöhe, wo sich die Sicht in die wellige Landschaft der Freiberge und zu den Windturbinen am Mont Crosin öffnet. Auch kann von hier aus die ganze zurückgelegte Strecke verfolgt werden. Am Fusse des Hügels liegt der Ausgangspunkt der Wanderung, **Les Reussilles.**

stand gehts hinunter an die Bahnlinie, welche man am Westrand des ausgedehnten Hochmoores La Tourbière (Torfmoor) erreicht (nach Les Breuleux 40 min, nach Le Cernil 40 min). Bereits befindet man sich im 1979 gegründeten Kanton Jura, der erst nach Gros Bois Derrière wieder verlassen wird.

Gasthäuser unterwegs
Restaurant du Cheval Blanc
2345 La Chaux-des-Breuleux
☎ 032 954 11 88
Auberge de La Couronne
La Theurre, 2350 Cerlatez
☎ 032 951 11 15

Über Juraweiden hart an der Sprachgrenze

3h30 Plagne–Prés de la Montagne–Montagne de Romont–Romont–Vauffelin–Plagne

Abwechslungsreiche Wanderung über baumbestandene Juraweiden zur aussichtsreichen Montagne de Romont und durch prächtigen Jurawald steil hinunter ins hübsche Dörfchen Romont. Längs sanfter Hänge gehts ebenen Wegs ins Kirchdorf Vauffelin und recht steil ansteigend zurück nach Plagne. Interessant ist besonders auch der Einblick in die geschichtliche Vergangenheit dieser stillen Jura-Gegend. Auf den Prés de La Montagne folgt man ein Stück weit dem Jura-Höhenweg Zürich–Chasseral–Genf. Lohnende Varianten ergänzen die Rundwanderung. In Siedlungsnähe Teilstücke auf Hartbelag.

Plagne (Plentsch) liegt auf einem nach Süden schwach geneigten Plateau der Basse Montagne. Es wird von vielen kleinen Baumgruppen umrahmt und vermittelt, besonders im Herbst, den Eindruck einer sonnigen Parklandschaft. Der direkte Aufstieg Richtung Waldrand und durch den Wald auf die Prés de la Montagne ist recht steil und steinig. Prächtig ist dagegen die Sicht auf den Bözingenberg und das Berner Mittelland. Auf der *Prés de la Montagne* in eine kaum wahrnehmbare, flache Mulde hinunter und durch eine parkähnliche Landschaft mit dichten Baumgruppen, zuweilen durch geschlossenen Wald leicht bergan zum Bergrestaurant auf der **Montagne de Romont** (Romontberg). Besonders schön ist der Tiefblick auf das auf einer Terrasse gelegene Romont, zum langen Rücken des

AM RÖSTIGRABEN? Mit dieser unzutreffenden Bezeichnung wird heute allgemein der Saanelauf bezeichnet, der weitgehend die Grenze zwischen germanischer und romanischer Kultur bildet. Wer sich allerdings in die Geschichte der Kantone Bern und Solothurn vertieft, stellt bei beiden einen auffallenden Hang zur Romandie fest. Von einem Graben kann da keine Rede sein! Die starke Verflechtung wird augenscheinlich, wenn man eine Linie längs des Ostrandes des Wandergebietes zieht. Die Karte weist hier folgende Orts- und Flurnamen auf: Pieterlen, Vorberg, Derrière Mâlé, Romont, La Combe, Ittenberg, Pâturage de la Montagne, Montagne de Romont, La Vallière, Bürenberg, Bürenchopf... Des Rätsels Lösung: Die vor 1798 dem Fürstbistum Basel zugehörenden Dörfer Meinisberg, Pieterlen und Romont wurden 1816 dem Amt Büren angegliedert. Das französischsprachige Romont wurde 1840 aber zum Amt Courtelary umgeteilt.

Frienisbergers, zu den Voralpen und zu den Alpen.
Über herrliche, mit schattenspendenden Gruppen von Buchen, Eberschen, Mehlbeerbäumen und Haselstauden durchsetzte Weiden an den Waldsaum. Recht steil gehts nun, mehrmals das Strässchen berührend, durch den Wald hinunter ins Tälchen von *La Combe* und hinauf nach **Romont** (Rotmund; nach Bözingenberg 1h15 nach Biel-Bözingen/Taubenloch 2h15, über Bözingenberg nach Plagne 2h30, nach Pieterlen 45 min). Die wenigen alten Steinhäuser verraten die burgundisch geprägte Bauweise. Am gegenüberliegenden Waldhang erhebt sich der Felskopf Sur les Roches, auf dem zur Römerzeit ein Wachtturm die wichtige Strasse von Frinvillier nach Grenchen kontrolliert haben soll.

Am Campingplatz vorüber führt der Weg nun fast eben durch den schattseitigen Hang des Bözingenbergs zur etwas oberhalb des Dorfes stehenden Kirche von **Vauffelin.** Der Kern des Ortes liegt in der Talsohle. Auch Vauffelin trug früher eine deutsche Ortsbezeichnung. So werden etwa Wofflingen, Wölflingen oder Füglisthal erwähnt. Letztere ist aus Vögelis Thal entstanden. Schon während längerer Zeit konnte man das rund 150 Höhenmeter über Vauffelin gelegene **Plagne,** Ausgangs- und Zielpunkt der Wanderung, sehen. Der Aufstieg nimmt aber nochmals eine halbe Stunde in Anspruch.

An der Montagne de Romont. Baumbestandene Weiden, dunkle Wälder, stille Dörfer: eine ideale Erholungslandschaft. Blick auf das hübsche Kirchlein von Vauffelin.

Gasthäuser unterwegs
Restaurant Romontberg
Montagne de Romont
2536 Plagne
✆ 032 377 12 12
Restaurant Communal
2538 Romont
✆ 032 377 33 57
Restaurant du
Cheval-Blanc
2537 Vauffelin
✆ 032 358 11 30

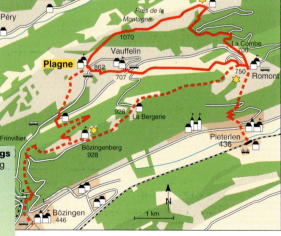

5 Durch die Gorges de Court

5h25 Moutier–Gorges de Court–Court–Pâturage de Mont Girod–Petit Champoz–Moutier

Diese eindrucksvolle Wanderung vermittelt einen vorzüglichen Einblick in die verschiedenen Charaktere des Faltenjura. Als Glücksfall ist zu bezeichnen, dass im Zusammenhang mit den Jubiläumsfeierlichkeiten zum 800jährigen Bestehen des Standes Bern (1991) die alten Wege in die Amtsbezirke wieder aktualisiert wurden. So entstand in der mächtigen Klus von Court, die neben dem Flusslauf der Birs kaum Raum für Bahn und Strasse bietet, ein attraktiver Wanderweg abseits des Verkehrs. Der Rückweg über den Mont Girod mit seinen weiten Weiden und dunklen Wäldern bildet einen wohltuenden Kontrast zum industrialiserten Talboden. Hartbelag nur in den Siedlungen.

Vom Bahnhof **Moutier** aus der Bahnlinie bis zur Place du Marché folgen. Nun durch die Rue des Œuches zur Birs, diese überschreiten und am Friedhof mit der schönen Kapelle aus dem 11. Jh. vorbei. Durch das bewaldete Tälchen der La Foule zum 1991 erstellten Wanderweg in der **Gorges de Court**. Unter Brücken aufgehängte Passerellen, in Fels verankerte Stege und ein Tunnel prägen den malerischen Weg, welcher der 1937 durch einen Felssturz verschütteten alten Strasse folgt. Vorzüglich sind die Einblicke in die Kalkbänder und die Wildnis dieser typischen Jura-Klus, bewundernswürdig ist die Leistung der Wegebauer.

DIE GESCHICHTE MOUTIERS beginnt im 7. Jh. Einige Geistliche der Abtei Luxeuil im Elsass rodeten im Birstal Land und nannten es Grandis Vallis (Grand-Val). Sie erbauten hier ein Kloster, eröffneten eine Schule und besassen bereits 866 zahlreiche Lehen. Obwohl zum Fürstbistum Basel gehörend, schloss Moutier-Grandval im 15. Jh. mit verschiedenen Orten Burgrechtsverträge (so 1414 auch mit Bern), die es früh mit der Eidgenossenschaft verbanden. Diese Verbindungen sicherten der Propstei innerhalb des Fürstbistums eine bemerkenswerte Autonomie. Das Burgrecht mit Bern wurde dreizehnmal feierlich erneuert. Auch während der Reformationszeit war Bern bestimmend: Die Gemeinden von Roches birsaufwärts wurden reformiert, diejenigen «sous les Roches» blieben katholisch. Die Vereinigung mit Bern nach dem Sturze Napoleons entsprach dem ausdrücklichen Wunsch der Bevölkerung. Die im 19. Jh. erfolgte wirtschaftliche Entwicklung (Uhren, Werkzeugmaschinen, Glas) wurde in der letzten Zeit allerdings auf eine harte Probe gestellt.

Gorges de Court. Schon die Mönche der Abtei Moutier-Grandval hatten hier einen ersten Fusspfad angelegt. Zur Zeit der Königin Bertha, im 10. Jh., war dieser verbreitert worden. Der Fürstbischof von Basel liess 1752 eine Fahrstrasse erstellen. Und eben diese alte Strasse konnte im Rahmen der BE-800-Feierlichkeiten reaktiviert werden.

Vom Südeingang der Schlucht erreicht man mit wenigen Schritten das stattliche Dorf **Court.** Schon zur Römerzeit hatte die Ortschaft als Stützpunkt gedient, lag sie doch an der Verbindungsstrasse Aventicum–Pierre Pertuis–Augusta Raurica. Das Dorf wird in der ganzen Länge durchschritten. Bei der Kirche steigt man erst gemächlich, im Wald dann recht steil zum Gehöft *Mont Girod* an. Über baumbestandene Juraweiden erreicht man den Wegweiser auf der **Pâturage de Mont Girod.** Hier bieten sich verschiedene Abstiegsvarianten an (nach Champoz 15 min, nach Sorvilier 1h15, über Petit Champoz nach Moutier 2h). Der sehr sanfte Aufstieg über die Pâturage de Mont Girod lohnt sich aber sehr. Mit jedem Schritt weitet sich der Rundblick auf den Montoz im Süden, den Moron im Westen und das breit dazwischengebettete Vallée de Tavannes. Nach der Umgehung des geschlossenen Waldstücks bietet sich bei *Pkt. 995* sogar die Möglichkeit eines zehnminütigen Abstechers zur Oberkante der Gorges de Court (***Pkt. 1036***). Der Tiefblick in die Schlucht und auf Moutier wie die Sicht zum gegenüberliegenden Rücken des Graitery sind einmalig! Durch dichten Wald gehts nun steil hinunter am Hof **Petit Champoz** vorbei in den Talkessel von **Moutier.**

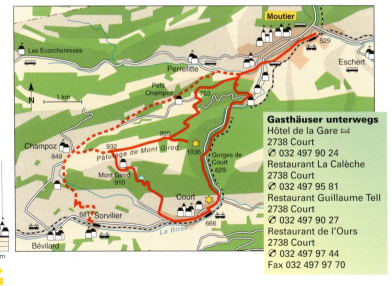

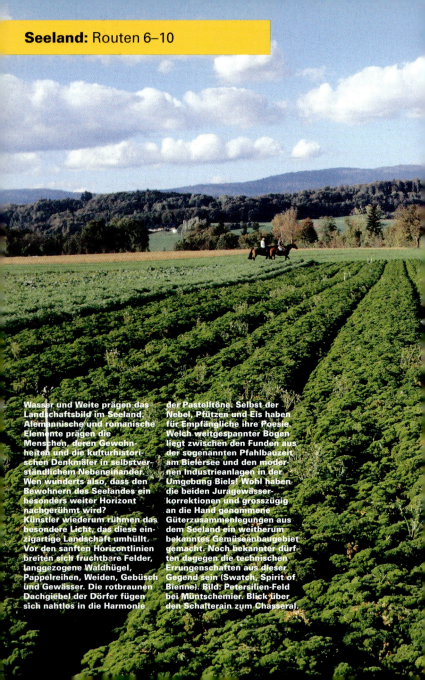

Seeland: Routen 6–10

Wasser und Weite prägen das Landschaftsbild im Seeland. Alemannische und romanische Elemente prägen die Menschen, deren Gewohnheiten und die kulturhistorischen Denkmäler in selbstverständlichem Nebeneinander. Wen wunderts also, dass den Bewohnern des Seelandes ein besonders weiter Horizont nachgerühmt wird? Künstler wiederum rühmen das besondere Licht, das diese einzigartige Landschaft umhüllt. Vor den sanften Horizontlinien breiten sich fruchtbare Felder, langgezogene Waldhügel, Pappelreihen, Weiden, Gebüsch und Gewässer. Die rotbraunen Dachgiebel der Dörfer fügen sich nahtlos in die Harmonie der Pastelltöne. Selbst der Nebel, Pfützen und Eis haben für Empfängliche ihre Poesie. Welch weitgespannter Bogen liegt zwischen den Funden aus der sogenannten Pfahlbauzeit am Bielersee und den modernen Industrieanlagen in der Umgebung Biels! Wohl haben die beiden Juragewässerkorrektionen und grosszügig an die Hand genommene Güterzusammenlegungen aus dem Seeland ein weiterum bekanntes Gemüseanbaugebiet gemacht. Noch bekannter dürften dagegen die technischen Errungenschaften aus dieser Gegend sein (Swatch, Spirit of Bienne). Bild: Petersilien-Feld bei Müntschemier. Blick über den Schalterain zum Chasseral.

6 Am Rande des Grossen Mooses

3h15 Gampelen–Jolimont–Tüfelsburdi–Erlach–Tschugg–Gampelen

Diese leichte Wanderung bietet eine Fülle von Erlebnissen: herrliche, bunt gemischte Wälder, prächtige Ausblicke Richtung Jura, über Bielersee und St. Petersinsel und in die Weite des Seelandes, eine beeindruckende Schlossanlage, ein vorbildlich gepflegtes mittelalterliches Städtchen, die Nähe des Sees, die Rebhänge am Südfuss des Jolimont und ein altes Rebbaudorf. Die vorgeschlagene Route folgt stellenweise dem braun markierten, kulturhistorischen Lehrpfad «Jolimont – Geschichte und Gegenwart». Verschiedene Varianten ermöglichen Abstecher an den See oder ins alte Städtchen Le Landeron. In Siedlungsnähe längere Teilstücke auf Hartbelag.

Von der Station **Gampelen** ins nahe Dorf. Der Ortsname ist römischen Ursprungs (campellum = kleines Feld). Heute ist Gampelen ganz auf den intensiven Gemüseanbau im Grossen Moos ausgerichtet. Von der etwas erhöht gelegenen Kirche mit den schönen barocken Dekorationsmalereien direkt waldwärts halten und am Waldsaum zum Schützenhaus aufsteigen. Prächtiger Ausblick ins Moos, zum Murtensee, zum Mont Vully und zu den Ufern des Neuenburgersees. In gleichmässiger Steigung führt die Forststrasse durch den Holenboden aufwärts, der steilen Nordwestflanke des Hügelrückens entgegen. Sobald die Steigung nachlässt, wird rechtwinklig die Höhe des **Jolimont** erreicht (nach Dreiseenblick–Äntscherz–Tschugg 20 min). Hier trifft man erneut auf die braune Markierung und folgt dieser der Nordwestflanke des Jolimont entlang zum Aussichtspunkt. Die unterschiedliche Nutzungsstrategie der Kantone Bern und Neuenburg wird hier offensichtlich: Während Bern auf die Agrarwirtschaft setzte und die Ebene zwischen Jolimont und Zihlkanal in aufwendiger Melioration nutzbar machte, gestattete Neuenburg dem Shell-Konzern, eine Ölraffine-

> **DER LEHRPFAD «JOLIMONT – GESCHICHTE UND GEGENWART»** entstand als Projekarbeit am Berner Seminar für Erwachsenenbildung (BSE). Der braun ausgeschilderte Lehrpfad verweist unterwegs auf elf Stationen, nämlich auf die Kirche Gampelen, das Scheurer-Denkmal, das Äntscherz-Haus, den Aussichtspunkt, den «Bunker», die Schalensteine, das Gräberfeld, die Tüfelsburdi, den Öle-Weiher, das Jolimontgut und schliesslich auf das Schloss Erlach.

| Gampelen/Station 433 | Dorf 436 | Jolimont 570 | Tüfelsburdi 551 | Erlach 433 | Tschugg 470 | Scheurer Denkmal 475 | Dorf 436 | Gampelen/Station 433 |

| | 1h | 1h15 | | 2h | | 2h40 | | 3h15 |
| 3h10 | | 2h25 | 2h10 | | 1h15 | | 0h40 | |

Die sanfte Linie der Jurakette, der gleissende Seespiegel des Bielersees mit seinen schilfbestandenen Ufern, die rotbraunen Dächer des Städtchens Erlach inmitten von Rebbergen: Inbegriff und Visitenkarte des Seelandes.

rie zu errichten, zu der sich später auch ein thermisches Kraftwerk, eine Zementfabrik und weitere Industrieanlagen gesellten. Am sogenannten «Bunker» vorüber, zur wenige Schritte von Pkt. 551 gelegenen *Tüfelsburdi* (nach St. Johannsen 30 min, nach Le Landeron 45 min). In der Umgebung der beiden mächtigen, seit 1872 unter Schutz stehenden erratischen Blöcke (Arkesine aus dem Val de Bagnes) befinden sich auch mehrere Schalensteine. Dem Nordrand des Jolimontgutes entlang erreicht man das Erlachbänkli, wo sich eine Ruhepause lohnt, um die Aussicht über Schloss und Städtchen Erlach, über den Heidenweg und die St. Petersinsel zu geniessen. Das Schloss geht auf einen um 1100 entstandenen Burgbau zurück. Die Herrschaft Erlach kam 1474, kurz vor der Murtenschlacht, zu Bern. Unter den Landvögten ragt der Staatsmann, Krieger, Maler und Dichter Niklaus Manuel Deutsch hervor, der 1523 bis 1528 im Schloss residierte. Der kalligrafisch vorzüglich gestaltete «Weinbrief» an der Schlosskeller-Wand erinnert an den grossen Berner. Heute dienen Schloss und angrenzende Gebäude als Schulheim. Durch die im 13. Jh. entstandene Altstadtgasse hinunter zur Durchgangsstrasse in **Erlach** (nach St. Johannsen 45 min, nach Le Landeron 1h). Der Rückweg führt an der Kirche vorüber und den Rebgärten entlang nach *Tschugg*. Das klimatisch ideal gelegene Winzerdorf weist einen guterhaltenen Dorfkern auf. Das Verwaltungsgebäude der Klinik Bethesda war früher Landsitz der Berner Familie von Steiger.
Durch den Gürlenwald gelangt man zur *Gedenkstätte für Bundesrat Karl Scheurer* (1872–1929), einer vorzüglichen Aussichtsterrasse am Plateaurand, und zurück nach **Gampelen.**

Gasthäuser unterwegs
Restaurant Bahnhof, 3236 Gampelen
☎ 032 313 16 54
Restaurant Sternen, 3236 Gampelen
☎ 032 313 16 22
Hotel Erle, 3235 Erlach
☎ 032 338 11 08, Fax 032 338 19 81
Hotel Pizzeria Margherita
3235 Erlach
☎ 032 338 25 55, Fax 032 338 25 54
Hotel du Port, 3235 Erlach
☎ 032 338 16 35, Fax 032 338 21 18
Restaurant Amthaus, 3235 Erlach
☎ 032 338 12 84
Restaurant Stedtli-Bar, 3235 Erlach
☎ 032 338 10 10
Restaurant Zülli, 3235 Erlach
☎ 032 338 11 22, Fax 032 338 11 23
Restaurant Rebstock
3233 Tschugg
☎ 032 338 11 61, Fax 032 338 13 73
Restaurant zur Traube
3233 Tschugg
☎ 032 338 11 65

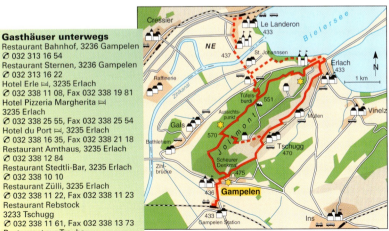

7 Über Ufer- und Höhenwege am Bielersee

3h50 Lüscherz–Gerolfingen–Täuffelen–Hagneck–Gurzelen–Lüscherz

Angenehme Wanderung am südlichen Bielerseeufer, anfänglich direkt dem Schilfgürtel entlang, später die eindrückliche Kanallandschaft rings ums Kraftwerk Hagneck querend. Der Rückweg führt über die aussichtsreiche Terrasse von Gerolfingen, Täuffelen und über Hagneck wieder an den Kanal zurück. Prächtig sind die verschiedenen Ausblicke auf den See, die Petersinsel und den Jurawall. Eine abwechslungsreiche Waldwanderung und ein weiterer herrlicher Tiefblick auf das obere Seebecken beschliessen die Rundtour. Ausserhalb der Siedlungsgebiete wenig Asphalt.

Am flachen Seeufer bei **Lüscherz** standen vor 5000 Jahren sogenannte Pfahlbauten der jüngeren Steinzeit, die durch solche der Kupfer- und der Bronzezeit abgelöst wurden. Der Name Lüscherz ist römischer Herkunft und geht wohl auf einen Personennamen Luscius zurück. Noch im letzten Jahrhundert war Lüscherz ein ausgesprochenes Fischerdorf. Die Berufsfischerei ist heute dagegen nur noch in wenigen Familien erhalten. Auffällig ist dagegen der ausserordentliche Zuwachs an Wochenend- und Ferienhäusern. Von der Bushaltestelle wendet man sich zuerst seewärts. Unmittelbar vor dem Landungssteg geht der Strandweg

DIE JURAGEWÄSSERKORREKTION wird auf dieser Wanderung auf Schritt und Tritt greifbar. Sie hat auch in dieser Gegend das Gesicht der Landschaft grundlegend verändert. Um den ständigen, durch Geschiebeablagerung bedingten Überschwemmungen im Seeland zu begegnen, tauchte bereits in den 1780er Jahren die Idee auf, man könnte die Aare in den Bielersee umleiten. Gegen die Befürworter von Teilkorrektionen gewannen die Anhänger einer Totalkorrektion die Oberhand. Das 1842 vom Bündner Oberingenieur Richard La Nicca vorgelegte Projekt wurde ab 1868 (bis 1890) realisiert und umfasste folgende Hauptpunkte:
- Ableitung der Aare von Aarberg in den Bielersee (Aare-Hagneck-Kanal)
- Senkung der Juraseen um durchschnittlich 2,5 m
- Korrektur und Ausbaggerung der Zihl zwischen Neuenburger- und Bielersee sowie zwischen Nidau und Büren
- Korrektion der Broye zwischen Murten- und Neuenburgersee

Um einen Rückfall in die alten Zustände zu verhindern, wurden in den Jahren 1962 bis 1972 die Korrekturen vertieft.

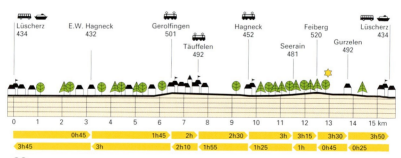

Die nahe St. Petersinsel im sonnegleissenden Seespiegel war ursprünglich ein oft benutzter Stützpunkt an einem vielbefahrenen Wasserweg. Durch Rousseau und die Romantik kam ihr die grosse Bedeutung als Ort der Ruhe, des Landschafts- und Naturgenusses zu.

rechts ab. Zwischen Ländte und Campingplatz herrscht an warmen Tagen ein emsiges Treiben der Badenden und der Bootsbesitzer. Der immer schmaler werdende Weg führt zuerst direkt am Ufer entlang und legt sich dann an ein dichtes Uferwäldchen. Am grossen Gehöft am Fusse des Seerains vorbei zum künstlichen Einschnitt in der Seekette, durch welchen sich seit 1878 die Aare in den See ergiesst. Beim **E.W. Hagneck** (nach Hagneck 20min) auf dem Wehr auf die andere Kanalseite und auf dem Fahrweg, weiterhin mehrheitlich in Ufernähe, in Täuffelen gehörende **Gerolfingen** hinauf. Unterwegs und in Gerolfingen selbst schöner Ausblick zur Petersinsel, nach Ligerz und Twann und zum Chasseral. Es empfiehlt sich, die knapp 1 Kilometer lange Strecke von Gerolfingen nach Täuffelen nicht auf der Hauptstrasse, sondern auf einem etwas östlich davon verlaufenden Quartiersträsschen zurückzulegen.

Im Zentrum von **Täuffelen** über die Geleise der asm und diesen fol-

gend ins Rütifeld hinaus. Am Waldrand dreht das Strässchen wieder vom See weg und erreicht über eine Geländewölbung die Station **Hagneck.** Jenseits der Kanalbrücke führt der idyllische Wanderweg im Wald direkt ans Steilufer des Kanals. Herrliche Tiefblicke. Auf der steil abfallenden Oberkante des **Seerains** (zur Haltestelle Lüscherz asm 10 min) gehts nun während einer Dreiviertel-Stunde durch herrlichen Mischwald. Am Fusse des **Feibergs** (nach Brüttelen 50 min) senkt sich ein Weg zum Oitschacher, wo man wieder offenes Gelände betritt. Herrliche Sicht auf Lüscherz, Petersinsel und Chasseral. In gleicher Richtung weiter zum Weiler **Gurzelen** (nach Brüttelen 30 min), dessen Name (lat. Curticella = kleiner eingezäunter Ort) auf eine römische Besiedlung hinweist. Der Abstieg nach **Lüscherz** beansprucht kaum mehr als eine Viertelstunde.

Gasthäuser unterwegs

Restaurant Kreuz
2575 Gerolfingen
✆ 032 396 11 93
Fax 032 396 11 84

Restaurant Züttel
2575 Gerolfingen
✆ 032 396 11 15
Fax 032 396 10 53

Restaurant Laubscher
2575 Täuffelen
✆ 032 396 16 55
Fax 032 396 16 61

Restaurant Rössli
2575 Täuffelen
✆ 032 396 11 08

Restaurant Rustica
2575 Täuffelen
✆ 032 396 28 49
Fax 032 396 37 85

Restaurant Zentrum
2575 Täuffelen
✆ 032 396 19 55

Restaurant zur Brücke
2575 Hagneck
✆ 032 396 11 86
Fax 032 396 39 20

Restaurant Hirschen
2575 Hagneck
✆ 032 396 11 85

Restaurant 3 Fische
2576 Lüscherz
✆ 032 338 12 21
Fax 032 338 12 03

Gasthof zum goldenen Sternen
2576 Lüscherz
✆ 032 338 12 23

8 Zwischen Alter Aare und Frienisberger

3h45 Lyss–Aarberg–Lobsigen–Aspi–Vogelsang–Lyss

Abwechslungsreiche Wanderung durch Auenwälder und über weite Höhen am Westhang des Frienisbergers. Wohltuender Wechsel zwischen lauschigen Schattenpartien und aussichtsreichen, offenen Höhen. Das Juwel am Wanderweg: das traditionsreiche Landstädtchen Aarberg mit seinen historischen Bauten und Anlagen. Trotz starker Industrialisierung der ganzen Gegend vermochte es seinen mittelalterlichen Reiz weitgehend zu wahren. Wenig Hartbelag ausserorts.

In **Lyss** auf dem Trottoir der Bielstrasse Richtung Jura, über den Lyssbach und unter der Bahnlinie Lyss–Kerzers hindurch. Nun bieten sich zwei Varianten an: Am Sportzentrum und an der Försterschule vorbei auf den aussergewöhnlich schönen Wanderweg der Alten Aare entlang oder geradeaus und vom Schwimmbad, jenseits der Alten Aare, Richtung Aarberg. So oder so ist das Begehen des aus zahlreichen Baum- und Buscharten zusammengesetzten Auenwaldes ein wahres Vergnügen. Bald wird dieses vom Lärm der **Kartbahn Kappelen** etwas geschmälert. Die Strassenbrücke der Lyss-Kappelen-Strasse gestattet einen Wechsel der Aareuferseite. Nach dem Unterqueren (resp. Überqueren) der Autobahn umfängt uns bald wieder die Stille des Auenwaldes, die nur von Vogelgezwitscher unterbrochen wird. Im *Obergrien* oder auf der Höhe der ARA kann die Uferseite ein weiteres Mal gewechselt werden. Durch den ehemaligen Stadtgraben erreicht man das schmucke Städtchen **Aarberg,** wo sich

> **AARBERG** genoss früher die Vorteile einer markanten Inselsituation: Es wurde von der Aare umspült. Nach der ersten Juragewässerkorrektion wurden die Wasser der Aare durch den Hagneckkanal in den Bielersee geleitet. Dadurch wurde der Seitenarm auf der Südseite des Städtchens trockengelegt. Der weite, leicht geneigte Stadtplatz ist eines der schönsten Kleinstadtbilder in der Schweiz. Das von Graf Ulrich III. von Aarberg-Valangin um 1220 gegründete Städtchen hatte vor allem verkehrspolitische Bedeutung. Aarberg bildete am Aarelauf lange Zeit den einzigen Brückenort zwischen Thun und Solothurn. Unter den historisch wichtigen Bauten fallen besonders auf: Gasthof Krone (ehemaliges Sässhaus des Klosters Frienisberg), Rathaus (1817), Amthaus (um 1600), Kirche (mit Hausteinturm von 1526) und gedeckte Holzbrücke im Westen (1567/68).

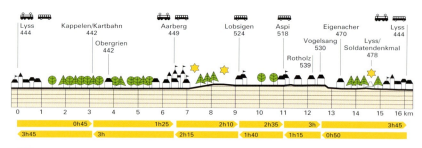

28

ein Abstecher auf den schönen Stadtplatz mit seinen gut erhaltenen historischen Bauten unbedingt lohnt (Abkürzung nach Spins–Vogelsang 40 min; leider fast durchwegs auf Hartbelag!). Stadtauswärts gehts nun an Bahnhof, Post und Zuckerfabrik vorbei. Diese, 1899 gegründet, hatte anfänglich mit grossen Schwierigkeiten zu kämpfen. 1909 erfolgte gar der Konkurs, und 1912 brannten die Anlagen fast vollständig nieder. Heute gilt die Fabrik als eines der grössten Unternehmen des Landes. Alljährlich im Herbst liefern die Bauern die geernteten Zuckerrüben nach Aarberg. Nun gilt es, die einzige markante Steigung zu bewältigen, führt die Route doch über die rund 80 m höher gelegene Hochebene weiter. Herrlich ist hier oben die Sicht auf den Stau des Aarekraftwerks Aarberg und zum sanften, bewaldeten Kamm des Frienisbergers. Bald sind die Höfe von **Lobsigen** erreicht.

Oberhalb des Naturschutzreservats Lobsigensee in nordöstlicher Richtung weiter, später dem von Büschen und Bäumen gesäumten Seebach entlang nach **Aspi** an der Strasse Aarberg–Bern. Schöner Blick auf die Kirche von Seedorf und auf den Waldrücken des Frienisbergers. Nun durch die Häusergruppen von *Rotholz* und **Vogelsang** und durch Wald hinunter nach *Eigenacher,* wo die Autobahn erneut überquert wird. Nach Durchschreiten des Rikartsholzes geniesst man beim *Soldatendenkmal* noch einmal einen schönen Ausblick über das Seeland bis hin zum Jurawall. An der reformierten und der sehenswerten alten Kirche vorbei erreicht man das Ortszentrum und den Bahnhof von **Lyss.**

Die Alte Aare verzeichnete früher einen beträchtlichen Waren- und Personenverkehr. Leder- und Pelztransporte zum Verkauf und Tausch in der Messestadt Zurzach, Erzladungen aus dem Oberhasli, Holzfuhren für die holländischen Werften, Salz, Getreide und Weinfuhren wurden auf diesem Gewässer abgewickelt.

Gasthäuser unterwegs
Gasthäuser in Aarberg:
Tourismus Aarberg, 3270 Aarberg
⌀ 032 392 60 60, Fax 032 391 99 65
Restaurant Hirschen, 3268 Lobsigen
⌀ 032 392 13 43
Restaurant Kreuz, 3268 Lobsigen
⌀ 032 392 63 60
Restaurant Kreuz, Aspi, 3267 Seedorf
⌀ 032 392 13 63, Fax 032 392 46 47

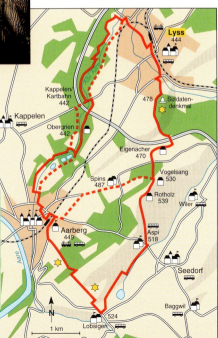

Zu Kelten und Römern am Jäissberg

2h30 Port–Jäissberg/Chnebelburg–Keltenwall–
Petinesca–Bürglen–Port

Leichte Wanderung mit vielen Einblicken in die Geschichte längst vergangener Zeiten. Beinahe unbeschränkt ist die Auswahl an historischen Stätten. Ein uralter Hohlweg, eine keltische Fluchtburgstelle, Reste eines Verteidigungswalles, zum Teil rekonstruierte und konservierte Römertempel, die Toranlage einer römischen Militärstation, eine interessante kirchliche Baugruppe und schliesslich ein Stauwehr mit Schleusenanlage aus der Zeit der zweiten Juragewässerkorrektion, all das lädt zum Verweilen ein. Der Wechsel von Wald- und Flussuferwegen ist dabei besonders reizvoll. Hartbelag einzig im Bereich der Siedlungen.

Wie Funde anlässlich der ersten Juragewässerkorrektion belegen, war **Port** bereits in frühgeschichtlicher Zeit besiedelt. Auch der Römerhelm im Gemeindewappen weist auf diese Tatsache hin. Von der Busstation in östlicher Richtung die Hauptstrasse queren. Wenige Schritte danach bieten sich schon Varianten an (über Bellevue nach Jens 45 min, über Bellevue zur Chnebelburg 45 min). Die zweite Variante sei vor allem Wanderinnen und Wanderern empfohlen, die den etwas ruppigen Aufstieg durch den Hohlweg umgehen möchten. Die Hauptroute strebt dem Nordrand des Jäissbergs zu und tritt kurz nach Passieren der Häusergruppe *Öli* in den Wald ein. Hier trifft man auf die beiden mar-

DER JÄISSBERG – EINE HISTORISCHE FUNDGRUBE. Nebst dem Mont Vully (Wistenlach) und dem Jolimont ist der Jäissberg (Jensberg) der höchste der seeländischen «Inselberge». Die zur Anhöhe führenden beiden Hohlwege sind im Inventar historischer Verkehrswege der Schweiz (IVS) verzeichnet. Sie dürften als Zugang zum keltischen Oppidum auf dem Jäissberg gedient haben und sind wahrscheinlich bereits in vorrömischer Zeit entstanden. Die Chnebelburg lässt die riesigen Ausmasse (Länge 150 m, Breite 50 m) einer einstigen Fliehburg erahnen. Als Westabschluss des helvetischen Oppidums auf dem Jäissberg darf man den Keltenwall betrachten. Er ist ein eindrückliches Beispiel für das Wall-Graben-System einer helvetischen Höhensiedlung. Beeindruckender noch ist der mit dem ehemaligen Oppidum etwa deckungsgleich liegende römische Tempelbezirk, der in einer ummauerten Anlage neun Tempel und ein Priesterhaus umfasste. Die Erbauungszeit liegt vermutlich im 1. Jh.

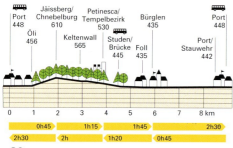

Gasthäuser unterwegs
Restaurant Bären, 2565 Jens
☎ 032 331 00 08
Restaurant zum Jäger, 2565 Jens
☎ 032 331 00 05
Café Petinesca, 2557 Studen
☎ 032 373 55 66
Restaurant zur Linde, 2557 Studen
☎ 032 373 11 76
Restaurant zur alte Schür, 2557 Stud
☎ 032 373 37 07
Restaurant 3 Tannen, 2557 Studen
☎ 032 373 11 41

kanten Hohlwege. Der grössere dürfte bereits in vorrömischer Zeit entstanden sein. Der im untersten Abschnitt parallel dazu verlaufende kleinere Hohlweg führt steil durch den Wald hinan, direkt an den Nordrand der **Chnebelburg.** Diese umgehen und über den bewaldeten Rücken des **Jäissbergs,** leicht absteigend, zum *Keltenwall,* einem 300 m langen Befestigungswerk aus der La-Tène-Zeit. Der Wall weist eine Basisbreite von 18 m und eine Maximalhöhe von 5 m auf. Es ist ein aus Trockenmauerwerk, Tuffsteinen und Holzbalken errichtetes Verteidigungswerk mit vorgelagertem Graben. Etwa 10 min später erreicht man eine markierte Abzweigung, die zum gallo-römischen **Tempelbezirk** von **Petinesca** führt. Es ist die einzige derartige Kultanlage der Schweiz. Die römische Militärstation mit der dazugehörenden Toranlage liegt etwa 800 m südöstlich am Fusse des Jäissbergs. Petinesca war eine wichtige Station an der römischen Heerstrasse Aventicum (Avenches)–Salodurum (Solothurn).

Hauptroute und Abzweigungen treffen nahe der Autostrassenbrücke *Studen* (nach Studen 3 min) zusammen und führen dem Waldrand entlang erst nach Foll, dann durch die Unterführung zur jenseits von Strasse und Bahn gelegenen Kirche von **Bürglen.** Das bereits 817 erwähnte Gotteshaus soll aus Trümmern des römischen Petinesca erbaut worden sein. Die ehemalige Grosspfarrei Bürglen ist weitgehend mit der Kirchgemeinde identisch und umfasst Aegerten, Brügg, Studen, Worben, Schwadernau, Jens und Merzligen. Früher gehörten sogar noch Nidau und Port dazu. Auf dem Uferweg gehts dem 1868–78 ausgehobenen und 1962–73 vertieften Nidau-Büren-Kanal entlang zum Stauwehr und zurück an den Ausgangspunkt **Port.**

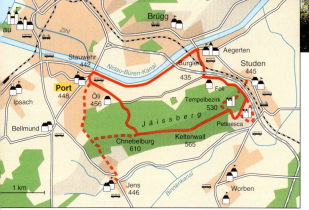

Im gallo-römischen Tempelbezirk von Petinesca aus dem 1. und 2. Jh. umgeben die Reste einer Umfassungsmauer die Fundamente von neun quadratischen Tempeln, eines Priesterhauses mit Säulenhalle und eines Sodbrunnens.

10 Rund ums Naturschutzgebiet Häftli

2h50 Büren a. A.–Meinisberg–Im Cheer–Alte Aare–Häftli–Büren a. A.

Mühelose Wanderung um das seiner Form wegen treffend benannte Naturschutzgebiet Häftli. 8 km weit führt der Uferweg dem Lauf der Alten Aare entlang. Mannigfaltig sind die Einblicke in die fast vollständig unberührte Natur: Mit leisem Flügelschlag ziehen Graureiher über das stille Wasser. Über blühenden Seerosen schwirren buntschillernde Libellen. Dieses Bild lässt die Grösse der Naturlandschaft des Seelandes ahnen, welche vor der Juragewässerkorrektion vorwiegend von Wasser und Moor geprägt war. Die in der Routenkarte eingetragene Variante führt am Geburtshaus des Hauptförderers der ersten Juragewässerkorrek Dr. Johann Rudolf Schneider (1804–1880), vorbei. Unterwegs wenig Hartbelag.

Das im Engpass zwischen Städtiberg und Aare gelegene **Büren a. A.** gehört zu den besonders gut erhaltenen bernischen Landstädten. Sehenswert sind unter anderem die Bürgerhausfassaden des 16. bis 19. Jh., das Rathaus (um 1500), das Schloss (Amthaus 1620–1625) und die Kirche (Chor 13. Jh., Schiff um 1500). Zahlreiche Wirts- und Gewerbezeichen schmücken die Hauptgasse. Auf der 1991 eingeweihten Holzbrücke (die Vorgängerin fiel 1989 einem gemeinen Brandanschlag politischer Wirrköpfe zum Opfer) wird das Städtchen verlassen. Dass Büren früher als Stützpunkt gegen den Einflussbereich des Bischofs von Basel gedient hatte, geht aus der Gasthausbezeichnung in *Reiben,* jenseits der Aare,

DIE AARE strömte bis 1878 mit sehr geringem Gefälle von Aarberg gegen Büren hinunter, sich unterwegs mit der Zihl, dem Abfluss des Bielersees, vereinigend. Der stark mäandrierende Fluss hatte sein Bett im Verlauf der Jahrhunderte mit Geschiebe angefüllt. Bei Hochwasser trat er infolgedessen immer wieder über die Ufer und überschwemmte weite Teile der Ebene. Die gestauten Jurarandseen bildeten oft eine zusammenhängende Wasserfläche von Yverdon bis Solothurn. Aus dieser ragten die Hügel wie Inseln heraus. Das Land versumpfte, galt wenig und die Bevölkerung verarmte. Der Meienrieder Arzt und spätere Regierungsrat Dr. Johann Rudolf Schneider setzte sich um 1840 dafür ein, seiner Heimat zu helfen. 1842 legte der Bündner Ingenieur La Nicca ein Projekt vor, dessen Verwirklichung zur ersten Juragewässerkorrektion führte (1868–1890).

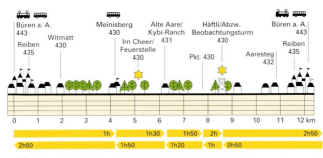

hervor. Das Gasthaus heisst nämlich «zum Baselstab». Auf dem Uferweg vorerst zur Mündung der Alten Aare in den Nidau-Büren-Kanal. Dann ums Schwimmbad herum wieder zur Alten Aare zurück. Dieses seit der ersten Juragewässerkorrektion tote, erstaunlich breite Gewässer holt in einer Doppelschlinge gut 2 km nach Norden aus. Der schmaler werdende Pfad führt der Baumzeile am Ufer entlang. Ganz nahe erhebt sich die vorderste Jurakette. Bei den Häusern von *Witmatt* biegt der Flusslauf nach Westen um. Ein breiter, angenehmer Weg führt an den Rand des Dorfes **Meinisberg** (Abzweigung durchs Dorf zur Kybi-Ranch 20 min). Meinisberg am Fusse des Büttenbergs gehörte vom 13. Jh. bis 1816 zum Bistum Basel und wurde in diesem Jahr zusammen mit Pieterlen bernisch. Dicht am Aareufer erschliesst ein vorzüglich angelegter Fussweg die schönsten Partien am Häftli. Er verläuft zwischen offenem Feld und dem schmalen, aus Erlen, Pappeln, Eschen, Eichen, Birken und Weiden bestehenden Uferwäldchen. *Im Cheer* lädt eine Feuerstelle zum Verweilen ein. An der **Kybi-Ranch** vorbei erreicht man die von Safnern her-

Wasservögel, Seerosen, Libellen und vielfältiger Uferbaumbestand prägen das Bild um die stillen Wasser an der Alten Aare im Häftli.

führende Strasse (*Pkt. 430*; über Safnerenbrügg–Meienried nach Büren a. A. 1h10). Auf der geteerten Strasse gehts nun dem Kanal entlang ostwärts. Der Abstecher zum **Beobachtungsturm** im **Häftli** führt genau an die Stelle, wo die ehemalige Zihl in die Alte Aare mündete. Zwei Orientierungstafeln geben Aufschluss über Pflanzen- und Tierleben. Der Rückweg führt zuerst der Strasse entlang, leitet dann ins Häftli und erreicht an der Alten Aare den *Aaresteg*, der uns den Übergang nach *Reiben* und **Büren** ermöglicht.

Gasthäuser unterwegs
Restaurant zum Baselstab, Reiben
3294 Büren a.A. ⌀ 032 351 12 36
Restaurant Baselstab, 2554 Meinisberg
⌀ 032 377 11 56, Fax 032 377 34 13
Restaurant Bistro Blitz, 2554 Meinisberg
⌀ 032 377 38 39

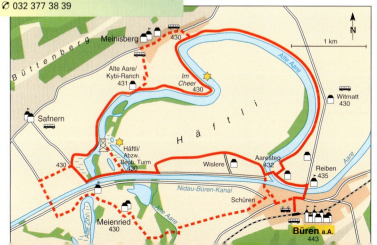

Oberaargau: Routen 11–15

«Land unter Sternen» hat die Oberaargauer Schriftstellerin Maria Waser ihre Heimat genannt. Von dieser lichtvollen Landschaft liessen sich auch viele Künstler inspirieren, so etwa der dichtende Schmied Jakob Käser aus Madiswil oder der weltberühmte Maler Cuno Amiet in Oschwand.
Drei Landschaften lassen sich im Oberaargau unterscheiden: der Jurahang der Lebernkette nördlich der Linie Wiedlisbach–Niederbipp, die weite Talebene der Aare und das Hügelland südlich von Langenthal und Herzogenbuchsee.

Es ist eine ausgewogene Landschaft, die vom Einklang lebt; dem Theatralischen abhold – dafür dem Wunder am Wege um so offener. Die verträumten Landstädtchen Wangen a. A. und Wiedlisbach strahlen diese bürgerliche Wohlhabenheit aus, die auch der Oberaargauer Landschaft eigen ist. Grosse Teile dieser freundlichen Grenzregion zu Solothurn, dem Aargau und Luzern sind auch heute noch von wohlhabendem Bauerntum geprägt. Blick über die Häusergrupppe Ochlenberg/Willershüseren zu den sanft abgrenzenden Jurahöhen.

11 Auf Panoramawegen durchs Bipperamt

4h50 Rumisberg–Stierenberg–Höllchöpfli–
Schwängimatt–Wolfisberg–Rumisberg

Sehr abwechslungsreiche Höhenwanderung durch Wälder und über Juraweiden an der Südflanke der ersten Jurakette. Der durchstreifte Raum gilt als einzigartiges, mit öffentlichem Verkehr gut erschlossenes Erholungsgebiet. Das Höllchöpfli zählt gar zu den schönsten Aussichtspunkten des Oberaargaus. Von hier aus wird die Sicht in 16 (!) Kantone frei. Voralpen und Alpen bilden einen lichten Kranz um eine sanfte Landschaft, in der Flussläufe, Seen und Seelein aufglänzen. Die vielen vermerkten Abzweigungen erleichtern eine beinahe unbeschränkte Variantenvielfalt. Hartbelagsstrecken einzig im Bereich der Siedlungen.

Rumisberg bietet das noch weitgehend unverfälschte Bild eines schönen Jurahang-Dorfes. Das Dorfwappen zeigt drei blaue Berge und eine rote Rose. Diese erinnert an den geachtetsten Bürger der Gemeinde, an Hans Roth. Er hatte 1382 Solothurn vor einem Angriff der Kyburger gewarnt und dadurch gerettet.
Von der Bushaltestelle zum westlichen Dorfrand. Erst am Waldrand, dann im Wald steil bergan und auf dem Fahrsträsschen über eine Feldterrasse nach *Farnern* hinauf. Prächtig ist die Aussicht aufs Aaretal, auf die Buchsiberge, ins Napfgebiet und auf die Hochalpen, besonders, wenn in der Tiefe der Nebel brodelt. Vom Restaurant durch das Dorf westwärts und vom höchsten Punkt der Dorfstrasse einer Hecke entlang steil aufwärts. Bei *Pkt. 984* in die oberste Kurve

DAS BIPPERAMT, heute ein Teil des Amtes Wangen, umfasst das Gebiet zwischen Aare und den Höhen der ersten Jurakette. Im Mittelalter lag hier eine für die geschichtliche Entwicklung der Eidgenossenschaft besonders wichtige Grenzscheide. In der Nähe von Attiswil, an der Mündung der Siggern in die Aare, stiessen einst die Bistümer Lausanne und Basel mit dem rechts der Aare gelegenen Bistum Konstanz zusammen. Ähnlich verwirrlich war aber auch die politische Gliederung. So kam zum Beispiel das Städtchen Wiedlisbach mit der Herrschaft Bipp von den Froburgern an die Grafen von Neuenburg-Nidau, dann an die von Thierstein und schliesslich an die Grafen von Kyburg. Deren Besitzungen gingen 1406 an Bern und Solothurn über. Schliesslich wurde Bern alleiniger Besitzer. Bipp und Wiedlisbach bildeten nun bis 1798 eine eigene bernische Landvogtei, welche 1803 mit Wangen vereinigt wurde.

der Schmidenmattstrasse. Hier sofort rechts abschwenken zum Gehöft **Stierenberg.** Sobald der Weg zu steigen beginnt, trifft man auf die Hintereggstrasse (nach Schoren–Rumisberg 45 min, nach Wiedlisbach 1h15), welcher man bis zur Gratlücke auf der **Hinderegg** folgt (zur Bergwirtschaft 7 min). Von hier aus der rot-gelben Markierung des Jura-Höhenweges folgen. Bereits am Waldsaum bietet sich eine weitere, lohnende Variante an (über den prächtigen Aussichtspunkt Ankehubel nach Wolfisberg 50 min, nach Oberbipp–Wiedlisbach 1h30). Der steile Aufstieg zum **Höllchöpfli** wird ebenfalls reichlich belohnt: Die weitgespannte Fernsicht reicht in 16 Kantone. In der Tiefe glänzen Flussläufe, dazu die Seespiegel von Neuenburger-, Murten-, Bieler-, Inkwiler-, Aeschi- und Sempachersee. Alles in allem: eine wahre Augenweide! Der Kantonsgrenze folgend gelangt man zur weiten Juraweide **Schwängimatt** (nach Wolfisberg 1h10).

Der Abstieg folgt vorerst der Kante der Wannenflue. Beim Aussichtspunkt *Legeli* Blick auf Balsthal, Oensingen und die Gäuebene. Jenseits der Klus Roggenflue und Neu Bechburg. Noch steiler senkt sich nun der Weg auf die **Walderalp** (zur Ruine Erlinsburg 10 min). Zum echten Panoramaweg wird der Rückweg auf der sonnigen Hangterrasse an den Häusern von **Walden** vorüber nach **Wolfisberg** (nach Wiedlisbach 40 min) und **Rumisberg** (nach Wiedlisbach 30 min).

Herrlich kontrastieren die hellen Kalkfelsen des Bipper Jura mit dem zarten Grün des frühen Frühlings. Die milde Südlage des Jurahangs gestattet dessen Begehung bereits im März.

Gasthäuser unterwegs
Restaurant zum Bären
4539 Rumisberg
✆ 032 636 29 77
Restaurant zum Jura
4539 Farnern
✆ 032 636 27 02
Restaurant Stierenberg
4539 Farnern
✆ 032 636 26 88
Restaurant Hinteregg
4539 Rumisberg
✆ 032 636 32 72
Bergestaurant Buechmatt
4704 Wolfisberg
✆ 032 636 23 66
Berggasthaus Schwengimatt
4710 Balsthal
✆ 062 391 11 49
Hotel Alpenblick ⌑
4704 Wolfisberg
✆ 032 636 27 82

12 An rauschenden Wassern zu sehenswerten Kirchen

3h20 Aarwangen–Wynau/Kirche–Murgenthal–Roggwil-Wynau–Muemetaler Weier–Aarwangen

Für jede Jahreszeit geeignete Rundwanderung durch eine der schönsten Flusslandschaften der Schweiz beim sogenannten Wynauer Rank. Die hier noch urtümlich dahinströmende Aare umspült zwei grüne Inseln und bietet in ihren Auenwäldern vielen Wasservögeln Schutz. Am Aareufer steht auch eine der ältesten Kirchen im Oberaargau, die Kirche von Wynau. Diese einzige vollständig bemalte Kirche im weiten Umkreis steht unter Bundesschutz. Einmalig auch der Rückweg von Murgenthal nach Aarwangen, vorerst der rauschenden Murg entlang, mit möglicher Variante zur Klosterkirche St. Urban, dann am Muemetaler Weier vorbei und über den aussichtsreichen Muniberg. Hartbelag nur in den Siedlungen.

Das an Sehenswürdigkeiten reiche **Aarwangen** (Schloss, Kirche, «Tierlihus») verlässt man bei der Station Dorf in nordöstlicher Richtung. Bald liegt der Dorfrand zurück und voraus wird der Blick frei zur blauen Jurakette. Auf etwas erhöhter Terrasse führt der Wanderweg zum **E.W.** Wynau in **Ober Wynau.** Am Werkeingang vorbei zum schmalen Pfad, der dem lückenlos bewaldeten Aareufer folgt. Unterwegs erreicht man die Wolfwiler Fähre, die den Zugang zu dieser auf solothurnischem Boden liegenden Ortschaft sicherstellt. Weiterhin dicht dem Ufer entlang zum Wynauer Rank, einer der schönsten Flusslandschaften. Auf schmalem Pfad zum Friedhof und durch eine Pappelallee am wappengeschmückten Pfarrhaus vorbei zur Kirche von **Wynau.** Dem baumgesäumten Ufer entlang erreicht man das Bootshaus der Wynauer Pontoniere, wo sichs bequem rasten lässt (Uferweg nach Murgenthal 15 min). Ein Feldweg zieht sich nach Ober

DIE KIRCHE VON WYNAU wurde um 1100 an der Stelle einer noch älteren Kapelle erbaut. Der Kirchensatz gehörte anfänglich den Bechburgern, später dem Kloster St. Urban. 1912 entdeckte man in der dreischiffigen Pfeilerbasilika mit gotischem Chor Wandmalereien, die zur Reformationszeit übertüncht worden waren. Besonders gut erhalten waren die Bilder der klugen und törichten Jungfrauen im Chorbogen. 1919/20 wurden die fehlenden Stücke von Paul Zehnder rekonstruiert. Den Kircheneingang schmücken zwei alte Glocken von 1450 und 1554, dazwischen steht der alte Archivstein von 1651. In der Mauer sind ornamentierte Backsteine von St. Urban aus dem 13. Jh. eingelassen.

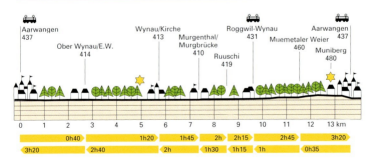

Murgenthal, wo man beim Gasthaus Löwen die Hauptstrasse überschreitet. Auf der ehemaligen Landstrasse zur alten Mühle hinab und über die **Murgbrücke** (nach Murgenthal 8 min). Hierher wurde nach dem Wiener Kongress die Berner Grenze zurückverlegt. Die Brückenjahrzahl 1818 erinnert an die ehemalige Zollstätte an der Grenze zum Kanton Aargau. Kurz der Murg entlang ansteigend erreicht man einen idyllischen Kanalweg hoch über der baumgesäumten, rauschenden Murg und unterquert die Schnellbahn-Trasse der Bahn 2000. Bei der **Ruuschi** (zur sehenswerten Klosterkirche St. Urban 45 min), dem Stauwehr an der Murg, die hier über eine Felsstufe hinunterdonnert, bahnwärts wechseln und durch Wässermatten zur nahen Station **Roggwil-Wynau.** Durch die Unterführung wechselt man auf die andere Seite des vierspurigen Schienenstrangs und steigt über einige Treppenstufen an den Fuss der bewaldeten Höchi. Ohne Höhendifferenz durch herrlichen Mischwald weiter zum stillen **Muemetaler Weier** (zur Haltestelle Mumenthal an 15 min, zum alten Gasthof Kaltenherberge 25 min). Durch den Wald kurz ansteigend erreicht man die aussichtsreiche Höhe des *Munibergs*. Prächtig ist die Rundsicht beim nahen Schützenhaus; im Südosten breiten sich die baumbestandenen Wässermatten vor den bewaldeten Hügeln des Luzernbiets aus, während jenseits der Aare der markante Eingang zur Klus von Oensingen beeindruckt.
An klaren Tagen ist in der von der Roggenflue abfallenden Bergflanke die helle Neu Bechburg auszumachen. Recht steil gehts nun hinunter in den Dorfkern von **Aarwangen.**

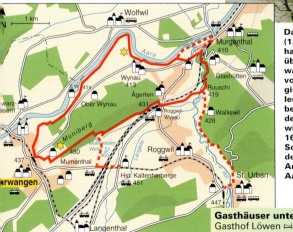

Das Schloss Aarwangen (1339 erstmals erwähnt) hatte den wichtigen Flussübergang zu bewachen und war Stammsitz der Ritter von Aarwangen, zähringisch-kyburgischer Dienstleute. 1433–1803 sassen bernische Landvögte auf dem Schloss. Das heute wieder den Zustand von 1643 widerspiegelnde Schloss ist, zusammen mit dem nahen Langenthal, Amtssitz des Amtes Aarwangen.

Gasthäuser unterwegs
Gasthof Löwen
Obermurgenthal, 4853 Murgenthal
✆ 062 929 30 22
Gasthof zur Traube, 4923 Wynau
✆ 062 929 00 66, Fax 062 929 02 78

13 Zu eiszeitlichen Riesen und zur Wohnstätte steinzeitlicher Menschen

2h30 Herzogenbuchsee–Rain–Steinhof–Burgäschisee–Niederönz– Herzogenbuchsee

Abwechslungsreiche Wanderung durch Wälder, weite Matten und über aussichtsreiche Höhen zum grossen Findling auf dem Steinhof und zum Siedlungsort des Altsteinzeit-Menschen am Burgäschisee. Die zu jeder Jahreszeit begehbare Route ist nicht allein naturhistorisch und historisch interessant, sie bietet dank Badegelegenheit am Burgäschisee auch sonst viel Kurzweil. Selbst politisch Interessierte kommen auf ihre Rechnung, bildet der solothurnische Steinhof doch eine Enklave im bernischen Gebiet. Wenig Hartbelag ausserhalb der Ortschaften.

Vom Bahnhof **Herzogenbuchsee** durch Bahnhof- und Ringstrasse in die Maria-Waser-Strasse. Dieser Strassenname verweist auf die Schriftstellerin, die in Herzogenbuchsee ihre Jugendjahre verbrachte. Nun in den nahen *Löliwald* einbiegen. Als natürlicher Laubengang zieht sich ein schöner Spazierweg durch den lichten Buchenwald südwärts. Ruhebänke laden zum Geniessen der schönen Durchblicke ins Freie ein. Am Waldrand über Strasse und Bahntrasse zu den Häusern von Matten. Herrlich ist der Blick über die heckenbestandene Önzebene zum Kirchturm von Aeschi und zum Jura. In Matten gehts wieder längs der Bahnlinie weiter. Dabei wird die Önz überschritten. Kaum glaubt man, dass dieses harmlose Wässerchen nach Gewittern zum reissenden Fluss anschwellen kann. Der früher stark gewundene Bachlauf wurde darum (leider) begradigt und verbaut.
Beim Gehöft **Rain** vorerst die Richtung beibehalten und dem Waldrand entlang

DIE «**G**ROSSI **F**LUE», ein mächtiger erratischer Block auf dem Steinhof, stammt vom eiszeitlichen Rhonegletscher. Es handelt sich um einen Arkesingneis aus dem Vallée de Bagnes im Wallis. Der Riesenstein war früher noch grösser. Leider wurden zum Häuserbau Stücke abgesprengt. Es ist begreiflich, dass der mächtige Block in der heidnischen Zeit dem Menschen einen gewaltigen Eindruck machte, weshalb man vermutet, er habe auch als Opferstätte gedient. Die weiter westlich liegende «Chilchliflue» soll einst Wunderkraft gehabt haben: Junge Frauen glaubten, nach einem Rutsch über die schiefe Fläche des Blocks würde der Wunsch nach einem Mann oder einem Kind in Erfüllung gehen. Auf dem Steinhof sollen die kleinen Kinder übrigens nicht vom Storch gebracht werden, sondern aus der Spalte der Grosse Flue austreten.

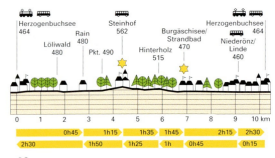

weiter. Nach rund 5 min wird die Kantonsgrenze der Enklave Steinhof überschritten, und wenige Schritte später zweigt bei *Pkt. 490* ein rauher Weg in den Wald ab (nach Riedtwil 40 min). Vom oberen Waldausgang hinauf ins kleine solothurnische Dörfchen **Steinhof** (nach Riedtwil 40 min). Links, unweit des wappengeschmückten Löschmagazins, steht der riesige erratische Block, die «Grossi Flue». Von ihr hat wohl nicht allein der Ort den Namen erhalten, sondern auch das Geschlecht derer von Stein, deren Wasserburg am Burgäschisee stand.

Zurück im Ortszentrum, hält man westwärts und steigt recht steil an den Waldrand hinunter. Dem Waldsaum entlang (und wieder der Kantonsgrenze folgend), später die Strasse Aeschi–Seeberg que-

Gasthäuser unterwegs
Restaurant zur grossen Fluh
4556 Steinhof SO ☏ 062 968 11 09
Restaurant Seeblick
4556 Burgäschi ☏ 062 961 11 65
Restaurant zum See, 4556 Burgäschi
☏ 062 961 18 49
Restaurant Linde, 3362 Niederönz
☏ 062 961 11 48

Die Seespiegel-Absenkung im Burgäschisee von 1943 brachte zwei weitere sogenannte Pfahlbaustationen zutage, nachdem bis dahin nur die Siedlung am Nordufer bekannt gewesen war. Der Moränenriegel «Hintere Burg» war schon vor 10 000 Jahren besiedelt. Hier fristete der Mensch der Altsteinzeit sein Dasein als Fischer und Jäger.

rend, fast ebenen Wegs ins **Hinterholz** (nach Seeberg 25 min) und dann an die Landstrasse hinunter. Diese überschreiten und zum nahen **Burgäschisee** hinab. Durch Verlandung und Absenkung des Seespiegels im Jahre 1943 ist der Ursee zum bescheidenen Becken geworden. Dadurch kamen die zwei sogenannten Pfahlbaustationen Ost und West zum Vorschein, nachdem bereits eine solche Siedlung am Nordufer bekannt gewesen war. Das **Strandbad** bietet gegen den Schluss der Wanderung eine willkommene Gelegenheit zur Erfrischung.

Vom nahen Weiler Burgäschi (nach Aeschi 20 min) am Burghölzli und Eichwald vorbei nach **Niederönz** und zum Ausgangspunkt **Herzogenbuchsee** zurück.

14 Durch stille Wälder zur 150-Gipfel-Sicht!

3h30 Melchnau–Hohwacht–Schmidwald–Fribach–Gondiswil–Melchnau

Diese herrliche Rundwanderung führt durch die Hügelwelt zwischen Langete und Rot, im östlichen Teil des Oberaargaus. Geheimnisvolle, dunkle und lichte Wälder kontrastieren in glücklicher Weise zu den weiten, aussichtsreichen Höhen. Einen ganz besonderen Glanzpunkt bildet an klaren Tagen die Sicht vom Hohwachtturm, von wo aus die Alpenkette vom Säntis bis zur Berra und der Jura von der Lägern bis zum Noirmont zu überblicken sind. Auch nördlich von Gondiswil liegt eine aussichtsreiche Hochebene. Für historisch Interessierte birgt der Schlossberg bei Melchnau viele Geheimnisse. Ausserorts nur kurze Teilstücke auf Hartbelag.

Im Oberdorf in **Melchnau,** vor der Gabelung der Strassen nach Huttwil und Altbüron, zweigt der Wanderweg von der Dorfstrasse ab. In südwestlicher Richtung führt er über einen offenen, sanft ansteigenden Höhenrücken, gewährt einen beeindruckenden Tiefblick auf das stattliche Dorf und folgt später dem Waldrand. Beim Rastplatz im Wald, in der Nähe des **Paulihofs,** beginnt der recht steile Aufstieg über den bewaldeten Kamm zum Aussichtspunkt **Hohwacht** mit Sommerrestaurant (Abstieg über Äscheren nach Melchnau 40 min). Wer es wagt, den gut gesicherten Turm zu besteigen, geniesst an klaren Tagen eine überwältigende Rundsicht. Eindrucksvoll wirken vor allem die Gipfel der Pilatuskette und das Alpenvorland des Emmentals und des Entlebuchs.

Nach einem kurzen Abstieg schliesst sich eine äusserst abwechslungsreiche, 9 km lange Höhenwanderung an. Der Höhenrücken bei den Häusern von Gmeinweid gestattet einen Tiefblick in den Mättenbachgraben, ins Langetetal und in die

DER HOHWACHTTURM geht auf eine ehemalige Wachtstation im Alten Bern zurück. Schon im 17. Jh. stand hier nämlich ein sogenannter Chutz, eine in Form eines Dreiecks aufgebaute, mit Brennholz bestückte Pyramide. Sie hatte in erster Linie Verbindung mit Rumisberg, Richisberg, Muniberg und Bodenberghöhe. In Zeiten der Gefahr konnte mit diesen Feuerzeichen das (damals noch viel grössere) Kantonsgebiet alarmiert werden. 1911 erstellte der Verschönerungsverein Langenthal auf dem 780 m hohen Aussichtspunkt für Fr. 10 000 (!) einen 21,5 m hohen Turm aus armierten Betonpfeilern. Auf der Aussichtsterrasse befindet sich eine Panoramatafel, die über die einmalige Rundsicht Auskunft gibt.

hügelige Welt der Buchsiberge. Den ausgedehnten **Schmidwald** quert man in südlicher Richtung bis zum Pkt. 723 (Abstieg über Wyssbach nach Rohrbach 35 min, nach Reisiswil–Melchnau 1h10). Der Wald gehörte der Schmiedebrüdergemeinschaft der Wallfahrtskapelle Freibach, die nach der Reformation zerstört wurde.

Nach **Fribach** schwenkt man jetzt ostwärts um. Der Freibach, der das Freibachmoos entwässert, war früher ein freies Fischgewässer. Vor der Strassenkreuzung stand bis zur Reformationszeit die berühmte Wallfahrtskapelle. Am Eulogiustag erschienen hier jeweils über 70 Schmiede aus den Kantonen Bern, Luzern und Solothurn zu einem Jahresbott. Die weite Mulde querend gehts kurz aufwärts nach **Gondiswil** (nach Gondiswil/Station 40 min). Dieses sehr alte Dorf, dessen Name sich von Gundoltswilare (Weiler des Gundolt) ableitet, liegt auf einem ausgedehnten Hochplateau.

Den Dorfkern nordwärts verlassend erreicht man weitere aussichtsreiche Höhen. Über den Waldkämmen des Oberemmentals reihen sich die Berge von der Innerschweiz bis zur Gantrischkette. In einer Senke des Horbenwaldes liegt der **Babeliplatz,** früher Bettlerplatz genannt. Das behäbige Forsthaus der Burgergemeinde Melchnau mit Brunnen und Feuerstelle lädt zur Rast ein. Nicht mehr weit ist es bis zu den Häusern auf **Ischerhubel** am Ostrand des **Schlossbergs,** der die Burgruinen Grünenberg und Langenstein trägt. Auf steilem Treppenweg hinunter zur Kirche im Oberdorf von **Melchnau.**

> **Gasthäuser unterwegs**
> Restaurant Hochwacht
> 4919 Reisiswil ✆ 062 927 16 34
> oder 062 927 21 05
> Gasthof Rössli, 4955 Gondiswil
> ✆ 062 962 00 19

Wo früher zu Zeiten der Gefahr die Rauch- und Feuerzeichen das Volk zu den Waffen riefen, erhebt sich heute ein Aussichtsturm. Hier geniesst man einen grossartigen Rundblick, wohl den schönsten zwischen Napf und Jura.

An stolzen Bauernsitzen vorüber durch den südlichen Oberaargau

3h40 Dürrenroth–Chabisberg–Gansenberg–Ursenbach–Walterswil/Höchi–Dürrenroth

Eine der schönsten Höhenwanderungen über die sanfte Hügelwelt des südlichen Oberaargaus. Die Höhen im Dreieck zwischen Langete, Rotbach und Öschenbach vermitteln nicht allein beglückende Ausblicke Richtung Mittelland und Jura und in die Voralpen- und Alpenwelt, ebenso beeindruckend sind die Tiefblicke in die stillen, waldbestandenen Täler. Besonders aber entzücken die schöngeformten Bauernhäuser am Wege, die mit ihren riesigen Walmdächern und den einladenden Frontseiten etwas von jener Ruhe und Geborgenheit ausstrahlen, die uns heute mehr und mehr zu mangeln scheinen. Hartbelag in der Nähe der Siedlungen.

Bei der Station **Dürrenroth** Bahnlinie und Staatsstrasse nordwärts queren. Sofort steigt der Fussweg über die sonnige Halde zum Weiler *Tschättebach* an. Beim Weiteraufstieg wird der Blick frei auf das an der jenseitigen Talflanke auf einer Terrasse liegende stattliche Dorf Dürrenroth. Im Käsbissenturm der Kirche befindet sich unter den fünf Glocken auch eine der ältesten der Schweiz, die aus dem Jahre 1392 stammende Laurentiusglocke. Hinter dem Dorf steigt der mit Einzelhöfen bestreute Hang zur dunklen Oberwaldfluh und zum sagenumsponnenen Bärhegenchnubel an. Darüber erscheinen Niesen und Stockhornkette. Bald sind die Gehöfte auf dem **Chabisberg** erreicht. Früher schrieb man Kapisberg; denn hier stand der Hof eines Chapi oder Kaspar. Die hochgelegenen Wiesen dienten ursprünglich nur als Weiden. Flurnamen wie Ross-, Kuh-,

ALTE BERNISCHE GEMEINSCHAFTSPFLEGE. Immer seltener werden leider die gänzlich erhaltenen Zeugen der bernischen Bauernhof-Einheit, die aus Hof, Stöckli und Speicher bestand. Dabei böte gerade diese Raum-Anordnung die ideale Voraussetzung für das generationenübergreifende Zusammenleben. Wenn das Gut dem jüngsten Sohn oder dem Schwiegersohn übergeben wurde, wie es das – bis ins 20. Jh. hinein noch geltende – bernische Minorat vorsah, zogen die alternden Bauersleute ins Stöckli. So wurde den neuen Besitzern eigenes Handeln nicht verwehrt, und dennoch durften die «Alten» Einblick nehmen ins tägliche Geschehen rund um den Hof. Oft flossen auch Ideen aus deren reicher Erfahrung ins Tun der Jungen ein. Es wäre zu wünschen, diese alte Form der Fürsorge für ältere Menschen fände heute mehr einsichtige Nachahmer.

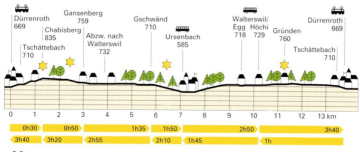

«Ein grosses Bauernhaus, welches seit hundert und mehr Jahren im Besitz der gleichen Familie war, und absonderlich, wenn gute Bäuerinnen darin wohnten, ist einer Gegend fast was das Herz im Leib.» Gotthelf

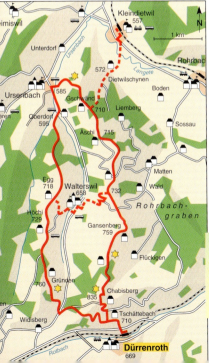

Mühle-, Gruben- und Chabisbergweid belegen das. Die folgenden fünf Kilometer Wegstrecke – eine unvergleichliche Höhenwanderung! In der nächsten Umgebung die sanftwelligen Buckel des südlichen Oberaargaus mit den stattlichen Bauernhöfen. Gegen Norden das blaue Band des Jura, südwärts die Napfkette und die von der gleissenden Pracht der Hochalpen überstrahlten Voralpen.

Kurz nachdem die stolzen Bauernsitze und die Käserei von Gansenberg zurückbleiben, bietet sich bereits eine Variante an (nach Walterswil 15 min). Das verträumte Walterswil mit seinem schönen Kirchlein ist schon seit längerer Zeit im Talgrund sichtbar. Beinahe ebenen Wegs folgt man weiter der Höhe, oft über freies Feld, zuweilen kurzen Waldstücken entlang, nach **Gschwänd** (nach Dietwilschynen–Kleindietwil 30 min), wo der Abstieg nach Ursenbach beginnt.

Die heutige, 1640 erbaute Kirche von **Ursenbach** verfügt über besonders wertvolle Kirchenfenster. Diese stammen aus den Jahren 1515 bis 1523, der Blütezeit der Glasmalerei. Eine Scheibe stellt den heiligen Ursus dar, der dem Dorf den Namen gegeben hat. Nicht weniger berühmt war der «Löwen», eine uralte Taverne, bei der früher die Postpferde auf ihrem Weg zwischen den Amtssitzen Wangen oder Aarwangen und Trachselwald ausgewechselt wurden, da sich Ursenbach ungefähr in der Hälfte dieser wichtigen Poststrecken befand.

Wäre es möglich, müsste man den Rückweg über die *Walterswil/Egg* (nach Walterswil 15 min), die **Höchi** und *Gründen* als noch reizvoller bezeichnen, liegen das Emmentaler Hügelland, die Voralpen und Alpen nun doch direkt voraus! Über *Tschättebach* erreicht man nach beglückender Wanderung den Ausgangspunkt **Dürrenroth**.

Gasthäuser unterwegs
Gasthof zum Araber, 4937 Ursenbach
⌀ 062 965 25 33, Fax 062 965 25 11
Gasthof Löwen, 4937 Ursenbach
⌀ 062 965 25 34
Restaurant Kreuz, 4937 Ursenbach
⌀ 062 965 27 35

Emmental: Routen 16–20

Niemand darf sich rühmen, das Emmental zu kennen, der bei dessen Erwähnung einzig an den goldenen Käse mit den grossen Löchern denkt. Das bucklige Gebiet im Osten des Kantons Bern ist weder das Land, wo Milch zu Käse wird, noch die Verkörperung der Rückständigkeit gemeinhin. Es ist eine Gegend, wo die Welt noch nicht aus den Fugen zu geraten droht. Traditionen werden hier nicht mit einem Seitenblick auf den Tourismus gepflegt. Sie sind selbstverständliches Bekenntnis zu echter Bodenständigkeit. Dem oft kargen Boden hält der Emmentaler die Treue – allen Widerwärtigkeiten zum Trotz. Selbst der Preis dafür wird (wenn auch nicht ohne Murren) in Kauf genommen.

Dafür ist das Emmental reich an echter Lebensqualität. Es lädt zu Ruhe, Beschaulichkeit und Erholung ein. Naturverbundenheit und Wortkargheit, gesundes Selbstbewusstsein, Zuverlässigkeit und Gastfreundschaft sind Merkmale des Emmentalers. Auch die Landschaft zeigt eine faszinierende Vielfalt: Aussichtreiche, mit üppigen Weiden überzogene Eggen werden von tiefen waldbestandenen Chrächen umgrenzt, und gegen die mit Karrenfeldern durchsetzten Wände von Hohgant und Schrattenflue prägt eine wilde Dynamik das Landschaftsbild. Bild: Schwingfest.

16 Zur Aussichtswarte Lueg (Heiligenlandhubel)

2h30 Heimiswil–Gärstler–Lueg (Heiligenlandhubel)–Rotenbaum–Schindlenberg–Heimiswil

Halbtagswanderung in typischer Emmentaler Landschaft aus tief eingefressenem Gräben über lichte Eggen zu einem einzigartigen Aussichtspunkt. Unterwegs Einblick in das ausgeprägte Einzelhofgebiet, dessen stattliche Bauernsitze kleine Königreiche darstellen. Zwar ist die klare bernisch-bäuerliche Drei-Einheit, bestehend aus Hof, Stöckli und Speicher, immer seltener anzutreffen. Die damit verbundene Idee des Zusammenlebens über Generationen hinweg besticht dagegen heute noch.

Heimiswil ist eine Hofsiedlungsgemeinde, deren Kern das sogenannte Dörfli mit der 1703 erbauten Kirche bildet. Auch das im selben Jahr erbaute Pfarrhaus ist sehenswert. Den Dorfeingang beherrschen der renommierte Gasthof Löwen, der auf ein uraltes Tavernenrecht verweisen kann, und der auf 1767 datierte Löwenstock. In diesem befindet sich die getäferte ehemalige Gerichtsstube, die sogenannte Vogtsstube.

Von der Kirche über den Hügelsporn gehts zum Weiler *Brüel* und durch einen in Sandstein gehauenen Hohlweg über den bewaldeten Rücken des Gütsch zum Hof *Gärstler* empor. In unmittelbarer Nähe steht die wohl grösste und auch älteste Eibe der Schweiz; ihr Alter wird auf rund 1000 Jahre geschätzt. Bei einer Höhe von rund 15 m weist sie sogar eine um einiges breitere Krone auf. Sie gilt als seltener Zeuge einer früher recht weit

DAS ALTE BERNISCHE MINORATSRECHT Das Emmental ist ein ausgeprägtes Einzelhofgebiet. Weit verstreut über Hügel und Talflächen liegen die Einzelhöfe. Es sind meistens stattliche Bauernsitze, inmitten des dazugehörigen Acker- und Wieslandes. Wohnung, Stall und Scheune unter einem Dach, versteckt hinter Obstbäumen, umgeben vom Speicher, der «Schatzkammer» des bäuerlichen Anwesens, sowie vom Stöckli, dem Ruhesitz der Alten. So bildet jedes Heimwesen eine Welt für sich – oft ein richtiges kleines Königreich.
Strenger als in andern Landesteilen wurde im Emmental das schon in der Gerichtsordnung von 1539 für den ganzen Kanton geltende Recht des Minorats befolgt. Dieses gestattete dem jüngsten Sohn, den Hof zu einem günstigen Preis zu übernehmen. Durch dieses alte Erbrecht blieben die Höfe oft über Jahrhunderte hinweg im Besitz der gleichen Familie, und es bildete sich ein Bauernstand heraus, wie ihn Jeremias Gotthelf unübertrefflich zu schildern verstand.

Gasthäuser unterwegs

Landgasthof und Taverne zum Löwen
3412 Heimiswil
☎ 034 422 32 06
Fax 034 422 26 35
Restaurant zur Lueg
3413 Kaltacker
☎ 034 435 12 23
Fax 034 435 06 23

verbreiteten Baumart und ziert das Gemeindewappen von Heimiswil.

Am Hof *Heimismatt* vorbei gewinnt man weiter an Höhe und wendet sich zum Sattel hinauf, wo man kurz die Strasse benützt. Gleich führt der Weg wieder rechts weg und steigt in mehreren Serpentinen durch den Wald hinan zum Gasthaus auf der *Lueg*. Schon von hier aus ist die Sicht über die bewaldeten Hügelwellen des Emmentals beachtlich. Der kurze, jedoch recht steile Aufstieg zum **Lueg-Denkmal** auf dem *Heiligenlandhubel* lohnt sich aber immer.

Jahrhundertelang hatte das Dorf Affoltern hier oben eine Hochwacht zu unterhalten. 1921 haben die bernischen Kavalleristen zur Erinnerung an ihre während des Grenzdienstes 1914–1918 umgekommenen Kameraden ein Denkmal errichtet. Von hier aus geniesst man eine unvergleichliche Aussicht, die in einem leider vergriffenen Panorama von Pfarrer Henzi (1865–1934) genauestens festgehalten ist. Dieses zeigt 300 Gipfel aus 15 Kantonen. Auch der beim Denkmal aufgestellte Alpenzeiger weist gegen 100 Gipfelnamen auf.

Auf gleichem Weg zurück zum Gasthaus *Lueg* und dem Waldsaum entlang über den aussichtsreichen Höhenrücken und am Schulhaus **Rotenbaum** vorüber (nach Britternneumatt 15 min) zur *Zitistuegg* (nach Vorder Rinderbach 25 min, über Almisberg nach Rüegsbach 1h, über Junkholz nach Heimiswil 1h10). Beim nahen Gehöft Zitistu (früher verhochdeutscht: Zeitlistal) soll nach der Überlieferung ein stets eiliger Geistlicher gepredigt haben. Dieser soll seine erbaulichen Gedanken immer mit den Worten «'S isch Zit is Tal!» beschlossen haben. Durch eine bewaldete Mulde gehts hinunter zum Gehöft *Schindlenberg* und zurück nach **Heimiswil.**

Immer noch eine Augenweide ist die prächtige Berner Sonntagstracht, wie sie Jakob Käser beschreibt: «Seit mir so übere Gartehag es Buremeitschi Guetetag, i alter lieber Bärnertracht, mit Göllerchett'li, zächefacht, mit wysse Strümpfli, Schnalleschueh, chan i weis Gott nid luege gnue.»

Wo die zahmen Wildbäche entspringen

3h30 Eriswil–Fritzenflue–Brästenegg–Ahorn–
Chalberweid–Eriswil

Interessante Wanderung rund ums Einzugsgebiet der Langete. Dieses harmlos scheinende Wässerchen wird nach Gewittern oder bei Schneeschmelze zum tosenden, zerstörerischen Wildbach. Wunderschön die Fernsicht auf den Höhen zwischen Bettler und Ahorn. Besonders die Sicht in den Kanton Luzern und bis weit in den Aargau hinunter ist überwältigend. Am Ahorn haben hungrige Wanderer die Wahl zwischen Berner und Luzerner Küche, liegen doch die einen halben Kilometer voneinander entfernten Berggasthäuser Brestenegg-Alp (Bern) und Ahornalp (Luzern) diesseits und jenseits der Kantonsgrenze. Hartbelag nur in der Umgebung von Eriswil.

Eriswil ist eine sehr alte Siedlung. Im 9. Jh. war das Kloster St. Gallen hier begütert. Im 14. Jh. war ein Ritter Heinrich von Eriswil Schultheiss zu Burgdorf. Später kam es unter die Herrschaft der Grünenberger, deren Stammsitz bei Melchnau stand. Der grüne Sechsberg im Gemeindewappen von Eriswil verweist auf diese Beziehung. 1504 wurde es an Bern verkauft und der Landvogtei Trachselwald unterstellt. Jahrhundertelang war die Leinenindustrie in Eriswil ansässig, wobei die Heimarbeit grosses Ansehen genoss.

Von der Bushaltestelle aufwärts zum Dorfplatz mit dem Obeliskbrunnen und dem «Bären» mit Malerei und Inschriften am Rundbogen. In gleicher Richtung

D'LANGETE CHUNNT! Nach schweren Regenfällen und bei Schneeschmelze lässt dieser Notruf die Bewohner des Langetetales immer noch erschauern. Urplötzlich wachsen die braun-trüben Fluten des sonst so harmlos scheinenden Baches um ein Vielfaches an. Das Bachbett vermag die wilden Fluten nicht mehr zu fassen. Sie überschwemmen und verwüsten weite Flächen des Talgrundes. Besonders betroffen war dabei immer wieder die Ortschaft Langenthal. Überstieg der Pegelstand des Flüsschens die Marke von 1,10 m, mussten die Schleusen beim Gemeindehaus geöffnet werden, damit das Überwasser durch die Bahnhofstrasse in den Hardwald abgeleitet werden konnte. Die meterhohen Trottoirs längs dieser Strasse zeugen auch heute noch von den Zeiten, als Langenthal jeweils zum «Klein-Venedig» wurde. Heute werden die Hochwasser durch einen Stollen von Madiswil aus direkt der Aare zugeleitet.

**Wildbäche formten die Emmentaler Landschaft seit urdenklichen Zeiten.
Und die Landschaft formte die Menschen: Immer noch sind sie anzutreffen, die heimatverbundenen Bauern, von deren Freuden und Nöten Jeremias Gotthelf und Simon Gfeller in ihren Erzählungen berichten.**

dorfauswärts zum Schützenhaus. Von hier auf dem Nebensträsschen über dem Wiesengrund der jungen Langete taleinwärts. Beim Hof *Langeten* scharf rechts aufwärts und nun wieder dem Fluewald entgegen und durch diesen hinauf zur **Fritzenflue.** Wenige Meter östlich durchstösst der Strassentunnel den schmalen Grat, über den ein Wanderweg Richtung Hornbachegg–Wasen führt. Auf rauhem und sehr steilem Pfad erreicht man, immer im Wald, die Grathöhe und über den bewaldeten Höhenzug die Wegkreuzung beim **Bettler** (Pkt. 1027, nach Eriswil 50 min). Sehr schöner Ausblick auf das Quellgebiet der Grüene. Packende Ausblicke nach Norden und Süden bietet auch die nun anschliessende Höhenwanderung über die Wasserscheide zwischen Langete und Hornbach. Noch einmal gilt es einen kurzen, steilen Anstieg zu bewältigen, bevor man auf der aussichtsreichen **Alp Ahorn** steht. Der mühelose, kurze Rundgang zur *Brästenegg* und zum **Ahornhubel** lohnt sich allemal. Grossartig ist der Ausblick auf Eggen und Gräben des nördlichen Napfgebietes und in das luzernische Hügelland. Die Rundsicht reicht vom Säntis über die Zentralschweizer und Berner Alpen bis zu den Freiburger Bergen. Jura, Lägern, Uetliberg, ja sogar der Schwarzwald sind an klaren Tagen sichtbar.
Der Abstieg führt vorerst durch den ausgedehnten Schluckwald, wobei der Wanderweg mehrmals das Ahornsträsschen berührt. Im **Dürrschwändiwald** schwenkt man westwärts um. Sehr schön ist der Blick über die Häusergruppe *Chalberweid* hinweg auf das Dorf Eriswil und zum Jura. Am Hof Linden vorüber recht steil in den Dorfteil *Süderen* hinuntersteigen und nun fast ebenen Wegs zurück nach **Eriswil.**

Gasthäuser unterwegs
Bergrestaurant Brestenegg-Alp
4952 Eriswil ✆ 062 966 12 88
Bergrestaurant Ahornalp, Ahorn
4952 Eriswil
✆ 062 966 17 70 oder 079 277 13 82

18 Napfgebiet: Wo schon die alten Helvetier Gold wuschen

4h45 Fankhaus–Chrüzboden–Trimle–Napf–Höhstullen–Fankhaus

Rundwanderung über aussichtsreiche Höhen rund um den Fankhusgraben zur «Rigi des Emmentals», dem Napf. Man nimmt an, dass hier während des Miozäns eine Ur-Aare riesige Schuttmassen ablagerte. In der letzten Eiszeit blieb die Spitze des Schuttkegels völlig eisfrei, so dass sich die abfliessenden Wasser länger als anderswo in die Nagelfluh einschleifen konnten. Die Hauptbäche bilden einen vom Gipfel ausstrahlenden «Talstern», der unzählige Seitenbäche aufnimmt. Um eines dieser Haupttäler führt die hier beschriebene, recht anspruchsvolle Tageswanderung. Wenig Hartbelag.

Von der Post **Fankhaus** im **Leen** wendet man sich ostwärts über den Bach und steigt durch Wald und über Weiden an den Gehöften Steli und Ober Stutz vorbei recht steil zum **Chrüzboden** auf. Der angenehme Weg folgt im Stutzwald ungefähr der Luzerner Kantonsgrenze und führt zum Wegweiser am Fusse des **Champechnubels**.

Auf dessen höchstem Punkt stand früher eine Hochwacht. Die paar Schritte auf die freie Kuppe lohnen sich. Der Ausblick nach Süden und Westen ist überwältigend. Ostwärts sieht man ins luzernische Grosse Fontannental, wo auch heute noch (hobbymässig) eifrig Gold gewaschen wird. Nun folgt der mühelosere Teil der Wanderung über die Alp Schwesterboden und die Rathusenegg. Der Weg führt zuweilen über bernischen, dann

GOLDVORKOMMEN IM NAPFGEBIET. Die wohl älteste Goldgewinnung in der Schweiz wurde in den Gewässern des Napfgebietes betrieben. Bei Wauwil und Melchnau aufgefundene keltische Goldmünzen lassen vermuten, dass schon die Helvetier in den Napfbächen Gold wuschen. – Genaueres über die Goldwäscherei weiss man erst seit 1523. Die Goldwäscher, Golder genannt, mussten das Gold dem Staat Luzern abliefern, der es auch bezahlte. Auf Grund der Eintragungen in den Rechnungsbüchern wurden bis Ende des 18. Jh. ca. 32 kg abgeliefert. Wenn man auch annehmen darf, dass nicht alles Gold abgegeben wurde, bleibt der Ertrag dennoch äusserst bescheiden. Durchschnittlich kamen somit nur etwa 100 g pro Jahr zusammen. Neben einem Spitzenertrag von über 300 g gab es Jahreserträge von nur 6 bis 9 g! Gegen Ende des 19. Jh. hörte die professionelle Goldwäscherei auf. Die Gebrüder Rüfenacht in Wasen im Emmental waren die letzten, die noch gewerbsmässig Gold wuschen.

wieder über luzernischen Boden, stets ungefähr der Vermarchung folgend. Einmal taucht der Blick ins Fontannental, dann wieder in den Fankhusgraben. Nach rund anderthalbstündiger Höhenwanderung erreicht man den Wegweiser *Trimle* (nach Mettlenalp, an Sonntagen Endstation der Buslinie von Fankhaus her, 30 min).

Auf dem Karrweg längs der Grathöhe zum Berggehöft *Stächelegg* und, nun westwärts haltend, am Hengst vorüber in kurzem Aufstieg auf den **Napf** (über Trachselegg–Mittleri Ei nach Luthernbad 1h10, Direktabstieg nach Mettlenalp 35 min). Umfassender Rundblick!

Das unendlich verzweigte Gräbengewirr des Emmentals und des Luzerner Hin-

Wo Wasser Gräben graben: Der Napf ist das Zentrum vieler Berggrate und Gräben, die strahlenförmig nach allen Seiten verlaufen. Damit ist er auch Ausgangspunkt für viele lohnende Höhenwanderungen.

terlandes zeigt sich sonst nirgends so klar. Allmählich verlieren sich die sanfter werdenden Hügel in der Ebene des Mittellandes, welche vom blauen Band des Jura begrenzt wird. Südwärts werden die Ketten der Voralpen von den Schneeriesen des Berner Oberlandes überragt. Im Osten schweift der Blick über die Entlebucher Höhen zu den Gipfeln am Vierwaldstättersee.

Der Abstieg vom Napf führt vorerst sehr steil hinunter durch eine bewaldete Gratflanke zum Wegweiser *(Pkt. 1274)* im **Grüebli.** Hier bieten sich nochmals zwei Varianten an: zum Nideränzi und über Badegg nach Luthernbad 1h oder über Nideränzi–Höchänzi–Höch Sureboden–Milpachalp zurück nach Fankhaus 2h45. Der hier vorgeschlagene Abstieg an der Alphütte Grüebli vorüber und über den Gratrücken zwischen Hütten- und Fankhusgraben hinunter zum Gehöft **Unter Höhstullen** kommt einer einmaligen Panorama-Wanderung gleich. Selbst vom Bergheimet *Buechli* aus geniesst man nochmals die herrliche Aussicht über die Risiegg zu den Alpen. In einer halben Stunde erreicht man den Talboden im *Fankhaus.*

Gasthaus unterwegs
Hotel Napf ⌷ ⌷
Napf, 3557 Fankhaus
☎ 034 495 54 08
Fax 034 495 60 02

19 Moosegg: Inbegriff von Aussicht und Gastlichkeit

3h Signau–Ofeneggalp–Blasenflue–Moosegg–Egguriedegg–Signau

Recht anspruchsvolle Rundwanderung über aussichtsreiche Eggen und durch schattenspendende Wälder zu den bekannten Aussichtspunkten **Blasenflue** und **Moosegg**. Der Rundgang um Ober- und Nidermattgraben bietet zudem einen interessanten Einblick in den unterschiedlichen Vegetationsstand, liegen doch Talboden und Höhe, Schatt- und Sonnseite auf engem Raum beisammen. Landläufig rechnet man mit einem Tag Verspätung im Pflanzenwuchs auf 25 m Höhendifferenz und einer solchen von zwei bis drei Wochen zwischen Sonn- und Schattseite. Ausserhalb der Siedlungen wenig Hartbelag.

Von der Station **Signau** in die Dorfstrasse und am Gasthaus Bären vorbei gegen den Hang. Oberhalb des Dorfes wird der Blick sofort frei auf die Emmentaler Hügellandschaft und die Bergriesen des Berner Oberlandes. Rechts unten liegt Schüpbach mit seiner beachtlichen Emmebrücke (es soll die älteste im Emmental sein). Durch den Wald führt der Weg, kurz das Strässchen berührend, zum Untern und Obern Rainsberg. Herrlich werden jetzt die Ausblicke auf Churzenberg und Chapf. Vom Plateau des **Rainsbergs** lohnende Fernsicht auf die Berner Alpen, die Emmentaler Hügel, die Stockhornkette und über das Entlebuch hinweg in Richtung Pilatus. Ziemlich ebenen Wegs weiter zur **Ofeneggalp** (nach Moosegg/Waldhüsern 35 min). Wem der weitere Aufstieg auf die Blasen-

EMMENTALER KÜCHE: «GUET UND GNUE!» Leider ist die Unsitte weit verbreitet, die Speisekarte mit Ausdrücken aus der Gotthelfschen Literatur zu zieren. Da wimmelt es denn von Spezialitäten wie «Hagu-Hans-Gotlett», «Glungge-Platte» und «Dorngrüt-Zimis». Tatsache ist aber, dass die Emmentaler Küche weitherum einen guten Ruf geniesst; insofern hat sich seit Gotthelfs Tagen nicht allzuviel geändert. In Gotthelfs Erzählung «Der Besuch auf dem Lande» wird das Ritual eines solchen Essens geschildert: «… Fleischsuppe eröffnete den Tanz, dann kam Fleisch, geräuchertes, gesalzenes, grünes, kam Kraut und gedörrtes Obst, Speck, kam Braten, Schinken samt dem bekannten Salat; Erdäpfel sah man diesmal keine. Jakobli ward von der Frau Gastgeberin gewaltig zum Essen genötigt. (…) Er solle doch essen, soviel er möge. Sie wisse wohl, wo man jeden Bissen kaufen müsse, esse man oft nicht halb genug.»

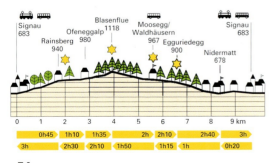

54

flue zu beschwerlich wird, wählt mit Vorteil den schattigen, gut angelegten Höhenweg am Hundschüpfen, um die Moosegg zu erreichen.

Über die südliche Rippe steigt man, teils am Waldsaum, teils im Wald, zum Aussichtspunkt Blasenflue auf. Das ganze Gebiet ist Molasselandschaft mit Nagelfluh, besonders auf der südlichen Hälfte. Dort steht vorwiegend Nadelwald, während der Nordteil mehr Mischwald aufweist. Höhenzüge, steil abfallende Hänge, humusarme Eggen, Erosionseinschnitte und Schattlöcher sind mit Wald bestanden. Die Bank am Rande der **Blasenflue** (nach Chäneltal–Zäziwil 1h30, nach Blasen–Habicht–Arnisäge 1h15) lädt zum Verweilen ein, vermittelt sie doch einen prächtigen Ausblick gegen das Napfbergland, gegen Langnau und das Oberemmental. Anfänglich recht angenehm über den breiten Waldrücken, dann steil über die bewaldete Rippe hinunter in die Strasse auf der **Moosegg.** bis man das Kurhaus **Waldhäusern** in schönster Aussichtslage erreicht: Vor der Alpenkette vom Wetterhorn bis zur Altels ziehen sich die Ketten der Schrattenflue, des Hohgant, der Sieben Hengste und des Sigriswilgrates hin. Rechts der Niesen, im Vordergrund in der Tiefe das Tal der Emme.

In der Strassenbiegung dem Waldsaum entlang rechts abwärts und fast ebenen Wegs zur Wegspinne auf der **Egguriedegg** (nach Emmenmatt 45 min). Im Wald steil bergab, anschliessend über eine freie Egg und durch die teils offene, teils bewaldete Grabenflanke in den Nidermattgraben hinunter. Bei den Höfen von **Nidermatt** betritt man den Talboden der Emme und folgt diesem zurück nach **Signau.**

Das Ortsbild des Marktfleckens Signau gilt als eines der schönsten im Emmental. Besonders beachtenswert sind die Rundefronten aus dem 18. und 19. Jh. und das Moserhaus, ein mächtiger alter Ständerbau (renoviert). In Signau lebte Schlossermeister Christian Widmer, der Schöpfer des Emmentalerliedes (Gedenkstein an der Strasse gegen Langnau).

Gasthäuser unterwegs
Gasthof Waldhäusern ⌂
Moosegg, 3543 Emmenmatt
☏ 034 402 22 24
Hotel Moosegg ⌂, Moosegg
3543 Emmenmatt
☏ 034 409 06 06
Fax 034 409 06 07

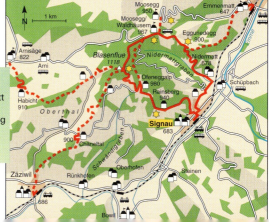

An der Nordflanke des Hohgant

3h30 Innereriz/Säge–Rotmoos–Ober Breitwang–Grüenenberg–Fall–Innereriz/Säge

Bergwanderweg ab Rotmoos bis Grüenenberg. Als der liebe Gott das Berner Oberland erschaffen habe, so berichtet die Legende, sei ein Rest von allem übriggeblieben. Der himmlische Vater habe einen der beiden Wächter des Oberlandes, den Hohgant (der andere ist das Stockhorn), daraus gebildet und sein Werk mit Wohlgefallen betrachtet. Als Riegel von nahezu 9 km Länge und etwa 2 km Breite steht der Hohgant zwischen Emmental und Oberland. Mit 2196 m Höhe (Furggengütsch) ist er der höchste Gipfel der Voralpenkette, die sich vom Pilatus her über die Schrattenflue, die Sieben Hengste, den Sigriswil- und den Güggisgrat zum Thunersee senkt. Wanderungen in dessen Nähe bieten für alle etwas: beschauliche Einsamkeit den Erholungssuchenden, urzeitliche Wunder den geologisch Interessierten, eine überraschend vielfältige Flora und eine reiche Fauna den Naturliebenden und schliesslich steile Bergpfade in schroffen Felswänden für die Anhänger sportlicher Höchstleistungen. Naturschutzgebiet! Hartbelag einzig in unmittelbarer Nähe des Ausgangspunkts.

Von der Post **Innereriz** zuerst zur Zulgbrücke hinunter. Dann auf dem Zufahrtssträsschen zum schmucken Hof Dräcker ansteigen. Rückwärtsblickend gewahrt man die weichlinige Passlücke der Sichle zwischen Burst und Sieben Hengsten. Auch der Blick talauswärts, der Zulg entlang, rechtfertigt einen kur-

DER HOHGANT – ANDERS ALS DIE ANDERN. Bei einer normalen Folge von Ablagerungsgesteinen liegt die älteste Gesteinsschicht unten. Je höher man steigt, desto jüngere Gesteinsschichten trifft man an. Nicht so beim Hohgant! Hier scheint es, als habe man beim Aufbau des Berges das oberste und das unterste Bauelement miteinander vertauscht. Die ausserordentliche Vielfalt an Gesteinen (Sandstein, Nagelfluh, Flysch, Mergel, Kalk) hat eine überaus vielseitige Flora zur Folge. Rund 600 Pflanzenarten sollen am Hohgant vertreten sein. Weil die verschiedenen Gesteinsarten unvermittelt ineinander übergehen, sind oft Pflanzen Nachbarn, die sich sonst nicht kennen; so gedeihen zum Beispiel kalkliebende unmittelbar neben kalkfliehenden Pflanzen. Auch die Tierwelt umfasst praktisch alle einheimischen Arten. Kein Wunder also, dass grosse Teile des Hohgantgebietes heute unter Schutz gestellt sind.

zen Halt. Recht stark steigend gewinnt nun ein Fahrweg durch Wald und über Lichtungen rasch an Höhe. Ein Fussweg führt durch die etwas sumpfigen Wiesen in den bewaldeten Graben des Chaltbaches. Ein Dammweg gestattet, das anschliessende sumpfige Gelände trockenen Fusses zu queren, und bald ist das grosse Gehöft **Rotmoos** erreicht.

Nun beginnt der fast einstündige Aufstieg unter die Flühe des Hohgant. Die weiss-rot-weissen Farbmarkierungen weisen darauf hin, dass der Aufstieg eine gewisse Bergtüchtigkeit voraussetzt. Nachdem der Bach überschritten ist, zweigt ein Fussweg links vom Fahrsträsschen ab und führt über eine ausgeprägte Weiderippe zu den Sennhütten von **Ober Breitwang** (durch die Chrinde zum Hohgant/Westgipfel 1h10. Vorsicht!; nach Innereriz 50 min).

Stetig weitet sich die Sicht Richtung Bumbach und Schrattenflue, auf die gegenüberliegende Honegg, ins Tal der Zulg und zu Burst und Sieben Hengsten. Voraus türmt sich das Bollwerk des Hohgant auf, von dem Hermann Hiltbrunner sagt: «Die Kalkmasse der Nordwand ist voller Wunden und Striemen. Der Berg hat etwas Erschütterndes, sein Blick etwas von uralter Trauer.»

Gleichmässig weiter durch die Nordwestflanke ansteigend erreicht man im **Schiltwang** den Wald (zum Trogenhorn 1h15, zum Hohgant/Westgipfel 1h45, Vorsicht!). Durch Wald und über Alpweiden führt der Weg nun direkt unter den Fluhbänder und am *Arni* vorbei recht ruppig abwärts auf den **Grüenenberg** und durch das Tälchen des Fallbachs nach **Fall**. Hier den Bach queren und auf gutem Waldweg zu den von mächtigen Ahornen beschatteten Sennhütten von *Hinter Sol*. Ein kurzweiliger, stellenweise jedoch glitschiger Pfad mündet am Bach in einen Fahrweg, der durch den Talboden nach **Innereriz** zurückführt.

Mächtig türmen sich die verwitterten Felsblöcke des Hohgant auf. Die steilen Anstiege sind jedoch, besonders bei nassem Wetter, nicht ungefährlich, weshalb für Wanderungen im Hohgantgebiet gute Schuhe mit griffiger Sohle unerlässlich sind.

Vor den Toren der Bundesstadt: Routen 21–25

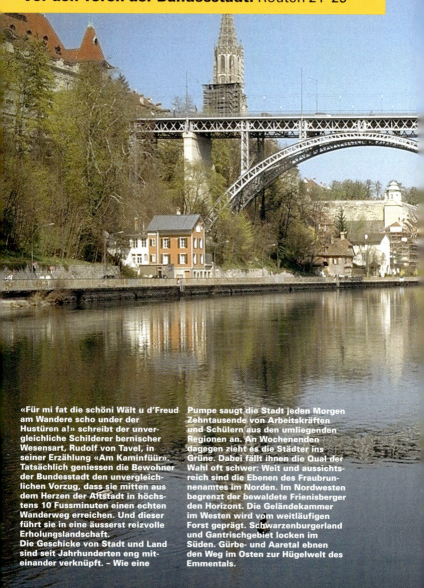

«Für mi fat die schöni Wält u d'Freud am Wandere scho under der Hustüren a!» schreibt der unvergleichliche Schilderer bernischer Wesensart, Rudolf von Tavel, in seiner Erzählung «Am Kaminfüür». Tatsächlich geniessen die Bewohner der Bundesstadt den unvergleichlichen Vorzug, dass sie mitten aus dem Herzen der Altstadt in höchstens 10 Fussminuten einen echten Wanderweg erreichen. Und dieser führt sie in eine äusserst reizvolle Erholungslandschaft.
Die Geschicke von Stadt und Land sind seit Jahrhunderten eng miteinander verknüpft. – Wie eine Pumpe saugt die Stadt jeden Morgen Zehntausende von Arbeitskräften und Schülern aus den umliegenden Regionen an. An Wochenenden dagegen zieht es die Städter ins Grüne. Dabei fällt ihnen die Qual der Wahl oft schwer: Weit und aussichtsreich sind die Ebenen des Fraubrunnenamtes im Norden. Im Nordwesten begrenzt der bewaldete Frienisberger den Horizont. Die Geländekammer im Westen wird vom weitläufigen Forst geprägt. Schwarzenburgerland und Gantrischgebiet locken im Süden. Gürbe- und Aaretal ebnen den Weg im Osten zur Hügelwelt des Emmentals.

21 Durch Berns Kornkammer

4h Fraubrunnen–Büren zum Hof–Brunnenthal–Scheunen–Iffwil–Fraubrunnen

Abwechslungsreiche Wanderung ohne beachtliche Höhendifferenzen durch die wald- und hügelreiche Moränenlandschaft des Fraubrunnenamtes. Dieses gilt auch heute noch als eine der wichtigsten Kornkammern des bernischen Staatsgebietes. Sowohl historische Stätten wie Orte ländlicher Beschaulichkeit liegen am Wege. Die Blust in den Hofstätten zur Frühlingszeit, die reifen Ährenfelder im Sommer, die bunten Wälder im Herbst, ja selbst der stille Zauber der Winterlandschaft bestätigen es: Die Gegend eignet sich für Wanderungen zu jeder Jahreszeit. Auch ausserhalb der Ortschaften einige Teilstücke auf Hartbelag.

Von der Station **Fraubrunnen,** den Ortskern links liegen lassend, durch die Kirchgasse und zur weithin sichtbaren Kirche von Grafenried-Fraubrunnen. Von der Häusergruppe **Binel** nordwärts durch den Binelwald und über freies Feld zu einem der schönsten Aussichtspunkte der Umgebung, dem Scheitelacher. Blick auf Fraubrunnen, zum fernen Burgdorf und über die Höhen des Emmentals zur Alpenkette. Über das Ackerplateau in den Dorfteil **Chapf** von **Büren zum Hof,** das seinen ländlichen Charakter weitgehend zu wahren verstand, obwohl sich die Tauner- (Tagelöhner-)Häuschen aus dem 16. bis 18. Jh. zum Teil recht moderne Eingriffe gefallen lassen mussten. Nun wieder waldwärts haltend, vorerst einem Bächlein entlang, zur Höhe des **Schönibergs** (nach Mülchi, wo das Geburtshaus des legendären Bundesrats Rudolf Minger steht, 20 min). Dem Waldsaum

ERST KLOSTER, DANN SCHLOSS, JETZT AMTSHAUS. Annähernd 300 Jahre lang (1246–1528) lebten im «Schloss» Fraubrunnen die Nonnen. «Fons beatae Mariae», der Brunnen unserer lieben Frau, hiess das ehemalige Zisterzienserinnenkloster. Recht unbeschwert und unzölibatär muss es hinter den Klostermauern zugegangen sein, wird doch berichtet, dass die Äbtissin Katharina Hofmann 1481 ein Kind gebar. Dennoch wurde diese 1505 in allen Ehren als Oberin bestattet. In der Reformationszeit wurde das Kloster säkularisiert, und ab 1529 hatten die bernischen Landvögte das Sagen im «Schloss». Auch als Amtshaus beherbergte es noch zwei Mandatsträger des Staates Bern, wohnten doch bis 1978 sowohl Regierungsstatthalter wie Gerichtspräsident in dessen Mauern. Heute dient es grösstenteils als Verwaltungssitz des Amtes Fraubrunnen.

entlang weiter westwärts. Unterwegs schöne Ausblicke auf Etzelkofen und das bereits im Solothurnischen liegende Brunnenthal sowie auf das Limpachtal und den Jura. Ein schwach ausgeprägtes Weglein quert die Senke des Mülibaches. Beim Austritt aus dem Wald öffnet sich der Blick über das Limpachtal nach Balm. Auf einem Strässchen gehts nun südwärts durch das Dörfchen **Brunnenthal,** dann wieder über freies Feld und durch Wald dem Länggengraben entlang. In der Waldlichtung südwärts haltend nach dem etwas erhöht gelegenen **Scheunen** (nach Etzelkofen–Fraubrunnen 1h25).

Das «Schloss» von Fraubrunnen, heutiger Amtssitz, hat bewegte Zeiten erlebt. Zu den schlimmsten Ereignissen zählten der Gugler-Einfall 1375 und die Eroberung des Gebietes durch die Franzosen 1798.

Gasthäuser unterwegs
Restaurant Rössli
3313 Büren z. Hof
☏ 031 767 82 96
Restaurant Dorfbeizli
3307 Brunnenthal
☏ 031 765 52 25
Restaurant Kreuz
3305 Iffwil
☏ 031 761 02 26
Restaurant Sternen
3305 Iffwil
☏ 031 761 02 46

Herrliche Ausblicke Richtung Grauholz, Bantiger, Burgdorf und zur Hügelwelt des Emmentals bereichern den weiteren Weg über die Mannebuech-Höhe nach **Iffwil** (nach Jegenstorf 1h). Der Dorfname geht wohl auf einen alemannischen Sippenführer Ifo zurück. Vom Waldrand aus schöner Ausblick über das Urtenental. Eine ausgedehnte Waldwanderung vom Buech-Ischlag bis *Häberlig*

(nach Grafenried 10 min) beschliesst den abwechslungsreichen Rundgang durchs Fraubrunnenamt. Nach wenigen Schritten wird bereits wieder die Kirche von Grafenried-**Fraubrunnen** sichtbar, von welcher der Berner Dichter Ernst Balzli schwärmt:
«Es isch keis einzigs Chilchli im ganze Amt und Biet so nätt und fründtlig gläge, wie das vo Graferied.»

22 Dem Gäbelbach entlang zum Wohlensee

3h10 Bern/Gäbelbach–Riedbach-Mühle–Frauenkappelen–Wohlei–Riedernhubel–Bern/Gäbelbach

Sehr lohnende Wanderung durch das idyllische Gäbelbachtälchen, immer dem stark mäandrierenden, natürlichen Bachlauf entlang. Sanfter Aufstieg zum geschichtsträchtigen Frauenkappelen mit seinen sehenswerten Bauten und durch Wald hinunter in die Wohlei am wasservogelreichen Wohlensee. Einen ganz besonderen Genuss bietet zum Abschluss der Wanderung die Überquerung des Riedernhubels, von wo aus man eine unvergleichliche Sicht geniesst. Ausserhalb der Siedlungen wenig Hartbelag.

Von der Trolleybus-Endstation **Gäbelbach** durch die Unterführung zur Überbauung mit den mächtigen Hochhäusern, dann auf grasigem Fussweg zum Gäbelbach hinunter. Auf dem über den Bach gezogenen Holzsteg durch den Tunnel unter der Hauptstrasse auf den schmalen Fussweg, der dem Hangfuss entlang durch das anmutige Wiesentälchen führt. Meist verläuft der Weg im Waldschatten dicht am Bach, der ungebunden und in unzähligen Windungen dahinsprudelt. An einem Rastplatz mit Brünnlein vorüber gehts nun auf wetterfestem Fahrweg vorerst durch Wiesland, dann durch Wald an den Rand der Autobahn Bern–Murten und schliesslich parallel zum Viadukt wieder zurück ans Bachufer. Der grasige Weg führt unmittelbar der natürlichen Uferpartie entlang und verjüngt sich schliesslich zum Wiesenpfad. Bei der Gärtnerei schwenkt man zum Bauernhof Räbmatt hinauf, kreuzt die nach Frauenkappelen aufsteigende Strasse und gelangt bald zur Häusergruppe **Riedbach-Mühle** (nach Riedbach 20 min).

Im Aufstieg nach **Frauenkappelen**, am wappengeschmückten stattlichen Hof Mülifeld vorüber, muss man leider 1 km Asphaltstrasse in Kauf nehmen. Bei der Käserei erreicht man das Dorf mit seinen

RIEDERNHUBEL. Trotz seiner geringen Höhe von nur 633,2 m bietet der Riedernhubel eine überwältigende Rundsicht. Sie reicht von Frauenkappelen und dem dunklen Spilwald im Westen zum breiten Rücken des Frienisbergers im Norden, umfasst im Osten Grauholz, Bantiger und die Hügelwelt des Emmentals und schweift im Süden über Gurten, Ulmizberg und über die weiten Waldungen des Forst. Eingebettet in sanfte Hügel liegt die Stadt Bern, und über allem strahlt an klaren Tagen der Alpenkranz.

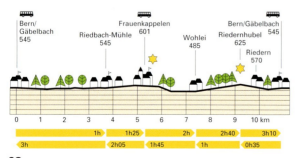

schmucken Bauten. 1158 wird erstmals eine Marienkapelle erwähnt, die nach der Gründung eines Augustinerinnenklosters (zwischen 1228 und 1240) zur Klosterkirche erweitert wurde. Das Kloster «in foresto» unterstand dem Deutschordenshaus Köniz und beherbergte etwa zwanzig Nonnen. 1485 wurde es aufgehoben und sein Besitz dem Vinzenzenstift in Bern unterstellt. Das Kreuz im heutigen Gemeindewappen erinnert an das Kloster, die Bischofsstäbe an das Bistum Lausanne. Von der Kirche aus geniesst man einen prächtigen Ausblick zu den Alpen. Längs der Hauptstrasse weiter dorfauswärts. Schräg gegenüber der Post führt ein Fahrweg in das ebene Ackerland hinaus. Beim Hof Breitacker über den sogenannten Chatzenstyg den abschüssigen Waldhang hinunter. Am Ufer des Wohlensees auf breitem Weg zum heimeligen Bauernweiler **Wohlei** (nach Wohlen 25 min), dessen Riegbauten mit Ründe aus den Jahren 1800 bis 1860 stammen. Die nahe Wohleibrügg entstand im Zusammenhang mit dem Kraftwerkbau Mühleberg. Von ihr aus bietet sich ein wohltuender Blick über den Stausee und zu dessen mit Schilf und mit Bäumen bestandenem linkem Ufer. In südöstlicher Richtung steigt man durch einen engen Hohlweg den Waldhang hinan und erreicht östlich des Hofes Gromishus den einzigartigen Aussichtspunkt **Riedernhubel** (nach Eymatt 30 min). Über einen vergrasten Fussweg an *Riedern* vorbei zum Gäbelbach hinunter (nach Eymatt, längs des Gäbelbachs, 25 min) und dem Tiergarten entlang, dann durch die Ladenstrasse im **Gäbelbach**-Zentrum zur Trolleybus-Endstation.

In den Jahren 1976–1978 entstand einer der schönsten Wanderwege in der Umgebung Berns – ein Weg, der sich harmonisch in die Wald- und Bachlandschaft des idyllischen Tälchens einfügt. Der Weg ist das Werk arbeitsloser Jugendlicher, die im Rahmen des «Job 76» der Stadt Bern hier gearbeitet haben.

Gasthäuser unterwegs
Restaurant Mühle
3020 Riedbach
☏ 031 926 10 14
Hotel Bären ⌑
3202 Frauenkappelen
☏ 031 926 10 23
Gasthof zum Kreuz
3033 Wohlen
☏ 031 829 11 00
Fax 031 829 19 02
Restaurant
Blumen-Bistro
3033 Wohlen
☏ 031 829 05 34
Restaurant Gäbelbach
3027 Bern
☏ 031 991 28 88

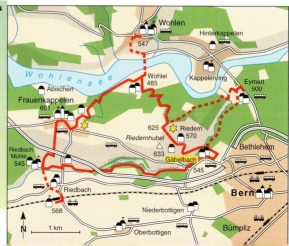

23 Rund um den Bantiger

4h15 Stettlen–Ferenberg–Chlosteralp–Laufenbad–Bantiger–Stettlen

Diese Rundwanderung bietet neben landschaftlichen Reizen einen interessanten Querschnitt durch den Lauf der Geschichte, führt sie doch zu den heute noch bewohnten Höhlenwohnungen im Lindental, zur sagenumwobenen Burgruine Geristein und schliesslich zum höchsten Bauwerk im Kanton Bern, dem 186 m hohen PTT-Sendeturm auf dem Bantiger. Selbst wer auf die Besteigung der Aussichtsterrasse verzichtet, kommt unterwegs in den Genuss vielfältiger Fern- und Tiefblicke. Längere Hartbelagsstücke im Bereich der Siedlungen.

Von der Station **Stettlen** hinauf in die Bernstrasse und gegenüber der Post zwischen schönen Wohnsitzen aufwärts auf die weite Terrasse von **Ferenberg.** Der erste Teil des Ortsnamens ist identisch mit Pferch; das Ganze bedeutet also «hochgelegener Hof mit einem Pferch für das Vieh». Im Dorfzentrum nordostwärts auf dem Strässchen, das sich als grasiger Feldweg fortsetzt, dem Wald zu halten. Prächtiger Ausblick über Utzigen und das obere Worbletal hinweg zu den Alpen. *Cholgruebe* lautet der Flurname beim Parkplatz am Waldrand. Er erinnert an das alte, hier früher praktizierte Köhlergewerbe. Durch Hohlwege steigt man vorerst stetig weiter an und streift im Abstieg die Waldhütte *Mülistei,* wo früher Mühlsteine gebrochen wurden. Hart an der Hangkante zum Lindental gehts nun auf schmalem Weg abwärts. Die bewaldeten Talflanken mit den eindrücklichen Sand-

AUS DER **G**ESCHICHTE EINES **S**ENDETURMS. Durch Kaufvertrag vom 14.12.1939 wurde der Bantigergipfel zum Preis von Fr. 18000.– von Jakob Kilchhofer, Wegmühle, erworben. Die Käuferin, die Gemeinde Bolligen, kam dadurch in den Besitz von 422,56 Aren Land. Da nebst der SEVA-Genossenschaft, der Kartonfabrik Deisswil und einigen Nachbargemeinden auch die Stadt Bern einen namhaften Beitrag an die Kaufsumme leistete, wurde mit Bolligen die Vereinbarung getroffen, nach welcher der Bantigergipfel freizuhalten und für die erforderlichen Zugangswege zu sorgen sei. Baurechtsverträge mit der PTT gestatteten dieser, eine Fläche von 22,29 Aren für ihre Fernmeldeanlagen zu nutzen. So entstand der erste Bantiger-Sendeturm. Die Umwälzungen im Fernmeldesektor erforderten die Anpassung der Anlage. Der 186 m hohe, 26 Mio. Franken teure neue Sendeturm ist seit 1997 in Betrieb.

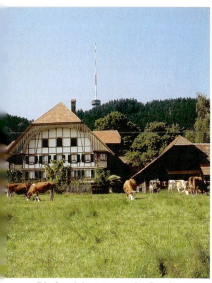

Die Aussichtsterrasse des Bantiger-Sendeturms bietet eine überwältigende Rundsicht. Die Panoramatafel weist auf mehr als 200 Gipfel zwischen Pilatus und Genfersee hin.

steinflühen stehen unter Naturschutz, so auch die gegenüber aufragende Geismeflue. In der Waldlichtung der **Chlosteralp** (zu den Fluehüsli 10 min, nach Krauchthal 35 min) bietet sich ein erster Abstecher an: Auf ebenem Pfad erreicht man die bekannten, heute noch bewohnten Höhlenbehausungen, die Fluehüsli. Nur gut Beschuhte sollten dagegen den weiteren Weg über die schmale Gratkante Richtung Krauchthal wählen.

Auf der Chlosteralp, wo einst die Mönche von Thorberg ihr Vieh weideten, schwenkt der Rundweg spitzwinklig ab und führt vorerst über einen Forstweg, dann über das Juckensträsschen hinunter zum **Laufenbad.** Nur kurze Zeit währte die Blüte dieses Badeortes. 1867–1911 erlebte das seiner ruhigen, geschützten Lage wegen beliebte Bad seine beste Zeit. Bereits 1947 wurde der Badebetrieb aber eingestellt. Ein Fussweg führt westwärts aus dem Laufengraben zur **Geristein/Cholgruebe** am Nordsaum des Geristeinwaldes hinauf (zur Burgruine Geristein, 12. Jh., 10 min; nach Bantigen–Ferenberg 1 h; nach Bantigen–Stettlen 1 h 15). Im Aufstieg durch den Geristeinwald wird immer wieder die Sicht auf den mächtig aufragenden Bantiger-Sendeturm frei. Über einen steilen Waldhang erreicht man schliesslich den Gipfel des **Bantigers.** Beinahe ebenso steil zieht sich der Weg nun in südlicher Richtung zum Waldsaum hinunter, wo ein prächtiger Ausblick über das Worbletal zu den Alpen überrascht. Vom Hohgant bis ins Greyerzerland reiht sich Gipfel an Gipfel, in der Tiefe liegen Bern und das westliche Mittelland. Den Horizont begrenzend, zieht sich das blaue Band des Jura dahin. Über **Ferenberg** gehts talwärts nach **Stettlen** zurück.

Gasthäuser unterwegs
Restaurant Alpenblick ⌂, 3066 Ferenberg
✆ 031 931 40 07, Fax 031 932 40 09
Restaurant Laufenbad, 3226 Krauchthal
✆ 034 411 14 24

24 Zu Kulturstätten auf dem Längenberg

3h45 Rüeggisberg–Vorderfultigen–Bütschelegg–Oberbütschel–Mättiwil–Rüeggisberg

Aussichtsreiche Wanderung über die Höhen des südlichen Längenbergs. Bei Einbezug der Varianten wird die Wanderung zum unvergesslichen Kulturlehrgang: Am Wege liegen die ehemalige Wirkungsstätte arbeitsamer Mönche (Rüeggisberg), die Gedenkstätte für den besten Kenner des Patriziats im Alten Bern (Rudolf-von-Tavel-Gedenkstätte) und ein weltberühmtes kunstwissenschaftliches Institut zur Erforschung und Konservierung alter Textilien (Abegg-Stiftung, Riggisberg). Die Aussicht von der Bütschelegg zu den Höhen des Emmentals, in die Gegend um Thun und zu den Vor- und Hochalpen sucht ihresgleichen. Längere Teilstücke auf Hartbelag.

Von der Post **Rüeggisberg** (zum ehemaligen Kloster 5 min) lohnt sich der Abstecher zu den auch als Ruinen beeindruckenden Klostermauern; beachtenswert ist die Bauplastik an der Nordwand des Querhauses und im Lapidarium im Kreuzgang. In dem kleinen Museum befindet sich unter anderem auch ein Modell der einstigen Kirche. An der Schulanlage und am Hof *Ober Hangebach* vorüber führt ein Teersträsschen durch die Flanke der Rüeggisbergegg aufwärts. Vom Waldsaum aus geniesst man eine umfassende Sicht auf die Gantrischkette und übers Schwarzenburgerland ins Freiburgbiet. Im Wald den Oberlauf des Schwandbachs querend, senkt sich der Weg sanft nach **Vorderfultigen**. Wieder öffnet sich eine bemerkenswerte Rundsicht: Bütschelbach-Graben, Riedhubel,

RÜEGGISBERG. Das Benediktinerkloster Cluny in Burgund, 910 von Wilhelm von Aquitanien mit 12 Mönchen unter Abt Berno von Baume gegründet, herrschte im 12. Jh. über rund 1500 Abteien und Priorate in allen Teilen Europas. Es war zu einem einflussreichen Mönchsstaat geworden, der ausser Wohlstand auch politischen Einfluss gewonnen hatte. Rüeggisberg war darin ein Aussenposten und der Versuch, auch in deutschsprachigen Gebieten Boden zu fassen. Die Priore und Mönche des Klosters stammten aus dem Welschland. Wegen zu strenger Zentralisierung des Ordens begann um 1300 der Niedergang des Klosters. Die Wirtschaftsordnung von Cluny liess sich in Rüeggisberg nicht anwenden. 1484 wurde das Kloster mit dem Chorherrenstift St. Vinzenz (Münster) in Bern vereinigt, in der Reformationszeit wurde es aufgehoben.

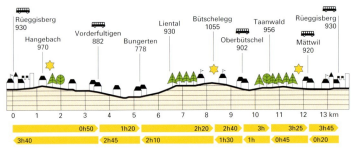

Rüeggisberg 930 — Hangebach 970 — Vorderfultigen 882 — Bungerten 778 — Liental 930 — Bütschelegg 1055 — Oberbütschel 902 — Taanwald 956 — Mättwil 920 — Rüeggisberg 930

| 0h50 | 1h20 | | | 2h20 | 2h40 | 3h | 3h25 | 3h45 |
| 3h40 | 2h45 | 2h10 | | 1h30 | 1h | 0h45 | 0h20 | |

Grandioses Panorama. Ausblick von der Bütschelegg auf das Thunerseebecken und die Alpen.

Imihubel, Bütschelegg und Rüeggisberg-Egg dominieren die nähere Umgebung. Recht steil ist der Abstieg über die Allmid an den Bütschelbach, der sich – rasch einen tiefen Graben bildend – dem Schwarzwasser zuwendet. Jenseits des Baches folgt man 400 m der Bütschelstrasse bis zum Weiler **Bungerten** (nach Niederbütschel–Taan 45 min, –Hasli 1 h 30). In mehreren Windungen führt der Naturweg nun hinauf zum Gehöft Liental, dann steil dem Waldsaum entlang ansteigend in den Wald und fast ebenen Wegs zur nahen **Bütschelegg.** Am Gasthaus vorbei erreicht man das Gipfelsignal. Von hier aus geniesst man den schönsten Rundblick im Längenberggebiet: Hohgant, Berner Hochalpen, Stockhorn- und Gantrischkette, Schwarzseeberge, La Berra, westliches Mittelland, Längenberg, ja selbst die Juraseen sind zu sehen. Auf dem Rückweg bietet sich beim Gasthaus erneut eine lohnende Variante an, bei der allerdings rund 2 km Hartbelag in Kauf zu nehmen sind (nach Gschneit – Tavel-Gedenkstätte – Taanwald 1 h).

Abwechslungsreich gestaltet sich auch die Hauptroute: Nach kurzem Abstieg nach **Oberbütschel** mit Aussicht in die Thunersee-Gegend quert man erneut die Talmulde des Bütschelbachs. Sanft ist der Anstieg in den **Taanwald** (nach Hasli–Riggisberg 35 min, nach Hasli–Abegg-Stiftung 45 min), herrlich die Aussicht an dessen Südrand ins Gantrisch-Gebiet, erholsam die Rückwanderung über **Mättiwil** nach **Rüeggisberg.**

Gaststhäuser unterwegs
Restaurant zum Bären, 3088 Rüeggisberg
⌀ 031 809 03 05
Restaurant Bütschelegg, 3088 Oberbütschel
⌀ 031 809 03 24, Fax 031 809 36 24

25 Zu Alpenluft und Schwefelduft

2h45 Gurnigel/Wasserscheide–Selibüelsattel–
Schüpfenflue–Süftenegg–Schwefelbergbad–
Gurnigel/Wasserscheide

Die Rundwanderung beginnt mit einer eindrücklichen Gratwanderung gegenüber den mächtigen Felstürmen der Gantrischkette. Würzige Alpen- und Waldluft sorgen für Wohlbefinden. Auf dem alten Schwefelbergweg gehts über die Grönweiden hinunter an die Gantrisch-Sense und – sanfter ansteigend – in die Flanke des Schwäfelbergs zu einem der letzten Kurbäder im Kanton Bern. Der Rückweg zur Wasserscheide gestattet einen kurzen Abstecher zum idyllischen Gantrischseeli am Fusse des Bürglen. Ganze Rundtour vorwiegend auf Naturwegen.

Der kurze, kräftige Anstieg von der Postautohaltestelle **Wasserscheide** Richtung Selibüel wird nach rund 10 min mit einem prächtigen Ausblick auf die Gipfel der Gantrischkette belohnt: Stockhorn, Nünenenflue, Gantrisch, Bürgle und Ochsen beeindrucken mit ihren schroffen Felswänden. Auch die Kegelgestalt des vorgelagerten Birehubels setzt einen markanten Akzent. Statt der Selibüelhütte zuzustreben, schwenkt man wieder in den Wald ein. Bergföhren und Tannen säumen den Weg, der sich sachte zum **Selibüel-Sattel** senkt. Nun wieder dem Grat folgend in leichtem Anstieg auf die **Schüpfenflue**. Prächtige Sicht auf das in der Tiefe liegende ausgedehnte Waldgebiet, auf Guggershorn und Schwendelberg, über das Mittelland bis zu den Höhen des Jura. Bei klarer Nordsicht

> «WASSER – SONNE – ALPENLUFT, MASSAGE – FANGO – SCHWEFELDUFT», so lautet die Empfehlung für das Schwefelbergbad nach dem Motto eines Gastes. Bereits 1561 wurde die Schwefelwasserquelle unterhalb des Ochsen im Gantrischgebiet urkundlich erwähnt. Leider ist das Schwefelbergbad (zusammen mit dem Kurzentrum an der Lenk) einer der letzten intakten Zeugen einer stolzen Bäder-Tradition im Kanton Bern. Als einziger Badekurort der Schweiz besitzt es noch hauseigenes Naturfango. Der dunkle Schlamm entsteht, wenn sich das Mineralwasser absetzt, das ausser Schwefel auch Kalzium, Magnesium, Lithium, Natrium und Zink enthält. Fango und Schwefelwasser helfen besonders bei rheumatischen Erkrankungen wie Arthritis und Arthrose. Zum Wohlbefinden des Kurgastes tragen aber auch Ambiance und Behaglichkeit sowie eine einzigartige Erholungslandschaft bei.

sind selbst Schwarzwald und Vogesen zu sehen. Im Süden reihen sich wiederum die Gipfel der langen Stockhorn-Gantrisch-Kette. Auch das Schwefelbergbad ist bereits auszumachen.

Nach dem Steilstück im Abstieg, bei *Pkt. 1590* (nach Gurnigel/Wasserscheide 45 min), verweist ein Wegweiser auf die Möglichkeit, die Rundwanderung auf gutem Fahrweg ohne Höhendifferenz zu beenden. Der Weiterabstieg zur **Süftenenegg** verläuft nun sanfter. Auf dem alten Schwefelbergweg hinunter zur Fahrstrasse (Postautohaltestelle), diese kreuzen und dem Zügelweg abwärts folgen, der zu den Weiden von Grön führt. Wieder überrascht die Sicht über das Tal der Gantrisch-Sense hinweg auf Alpen, Gantrischkette und Schwarzseeberge. Nachdem man den Sollergraben auf einem Holzsteg überschritten hat, erreicht man die **Unteren Walenhütten** (über Obere Walenhütte zur Wasserscheide 50 min). Nach Überschreiten der Gantrisch-Sense muss für den Anstieg zum **Schwefelbergbad** mit einem asphaltierten Strässchen vorliebgenommen werden. Nur wenige Schritte sind jetzt auf der Strasse zurückzulegen, dann zweigt ein Strässchen in die Flanke des Birehubels ab und führt hinauf zur *Ritzhütte* (zum Gantrischseeli und zur Wasserscheide 1h). Wenig östlich weist der Wegweiser auf die Variante zum Gantrischseeli hin. Kurz darauf die Gantrisch-Sense querend, erreicht man die **Untere Gantrischhütte.** Oberhalb der Gurnigelstrasse führt der Weg auf die Rippe des Nünenenberges und zurück zur **Gurnigel/Wasserscheide.**

Die historische Fassade des Romantik-Kurhotels Schwefelbergbad verleiht dem modern eingerichteten Kurbetrieb eine nostalgische Note. Zum Wohle des Gastes gilt hier die Devise: «Dem Körper angetane Frevel heilt man mit Diät und Schwefel, innerlich in Sack und Asche füllt am Brunnen man die Flasche, rümpft die Nase sehr beim Trinken, lässt sich in den Urschlamm sinken. Von Kopf bis Fuss und splitternackt wird liebevoll man eingepackt.»

Gastshäuser unterwegs
Romantik-Kurhotel Schwefelberg Bad
1738 Schwefelberg Bad
☎ 026 419 33 66, Fax 026 419 24 08
Bergwirtschaft Untere Gantrischhütte
3099 Gurnigel ☎ 031 809 17 21

Berner Oberland: Routen 26–30

«Während Jahren habe ich die Namen Eiger, Mönch, Jungfrau immer wieder gehört – nun habe ich sie in ihrer ganzen Schönheit vor mir!» schwärmte eine Besucherin des Berner Oberlandes.
Während Jahrhunderten lebten die Oberländer von den kärglichen Erzeugnissen ihres Bodens: Sie machten Käse, züchteten Kühe, fällten Bäume und trieben zuweilen auch etwas Bergbau.
Vor rund 250 Jahre wurden die Schönheiten der Alpenwelt entdeckt – der Tourismus war geboren. Und die Oberländer merkten bald, dass ihnen schroffe Felsen, kalte Gletscher und schneegleissende Gipfel mehr einzutragen vermochten als magere Bergwiesen. Seither spielt der Fremdenverkehr die Hauptrolle im Wirtschaftsgeschehen des Berner Oberlandes.
Das Wandern belegt dabei unter den touristischen Angeboten den unangefochtenen Spitzenrang.
Während im Sommer Thuner- und Brienzersee zur Erholung am Wasser einladen und die nahen Gipfel Sommerfrische versprechen, bieten heute alle Regionen im Berner Oberland auch gepfadete Winterwanderwege an, so dass selbst in der kalten Jahreszeit dem immer beliebter werdenden Hobby gefrönt werden kann.
Bild: Herbststimmung im Färmeltal

26 Über lichte Alpweiden zum verträumten Bergsee

5h15 Feutersoey–Hinter Walig–Seeberg–Arnensee–Linders Vorschess–Feutersoey

Bergwanderweg bis Arnensee. Das Tschärzistal ist noch weitgehend ursprünglich. Durch die Flanke der Hasenegg gewinnt man rasch an Höhe. Locker bewaldete Alpweiden erhöhen den Reiz der Wanderung. Prächtig sind die Tiefblicke zum waldumsäumten Arnensee, vielfältig das Variantenangebot (nach Gsteig, zum Aussichtspunkt Walighürli und über Chalet-Vieux zum Lac Retaud und weiter zum Col du Pillon). Kaum Hartbelag.

Von der Post *Feutersoey* folgt man der Hauptstrasse Richtung Gsteig, bis das Strässchen zum Arnensee rechts abzweigt. Wo dieses am Eingang ins Tschärzistal im Wald verschwindet, beginnt der lange, recht steile Aufstieg Richtung Hinter Walig. Vorerst am Waldsaum, später im prächtigen Bergwald, gewinnt man rasch an Höhe und erreicht den *Tuxberg* (über Gschwändeni–Schopfi nach Gsteig 1h30), von wo aus der Blick in den Talgrund mit den vielen sonngebräunten Häusern und Ställen rings um Feutersoey entzückt. Bei gleich starker Steigung erst

EIN HÄUFIGER WEGGEFÄHRTE – DAS SIMMENTALER FLECKVIEH

Auch im Saanenland sind sie häufig anzutreffen, die Rinder und Kühe der Simmentaler Fleckviehrasse. Man nimmt an, der Anfang der Simmentaler Fleckviehzucht sei in den Betrieben des Klosters Einsiedeln zu suchen. Im 13. Jh. wurden diese Tiere dort als Rotvieh oder Rotschecken gezüchtet. Über verwandtschaftliche Verknüpfungen der Adelsgeschlechter, welchen die Viehzucht damals oblag, verbreitete sich die erwähnte Viehrasse auch im Simmental und im Saanenland. Als das Gebiet unter den Schutz Berns kam, durften sich die Bauern fortan in eigener Verantwortung der Viehzucht widmen. Damit begann die eigentliche Geschichte der Fleckviehzucht.

Dank guter Anpassungsfähigkeit der Rasse an gegebene klimatische Verhältnisse, guter Fruchtbarkeit und günstigen Schlachtkörpermassen ist das Simmentaler Fleckvieh weltweit im Vormarsch; in Südafrika, Südwestafrika, Nord- und Südamerika, in Kanada und Russland findet diese vorzügliche Rasse immer breitere Anerkennung. Erzielte Verkaufspreise in den USA (San Antonio/Texas und Denver/Colorado) mögen dies belegen: Der Durchschnittserlös für 1- bis 1½jährige Tiere belief sich auf Fr. 55 000.–. Ein junger, reinrassiger Simmentaler Stier soll sogar den stolzen Preis von Fr. 400 000.– erzielt haben.

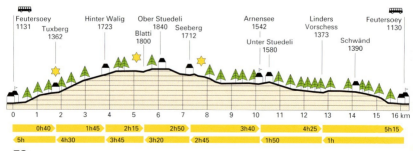

durch lichten Wald, dann über üppige Alpweiden durch die Flanke der Hasenegg. Die gegenüberliegende Talseite dominieren Staldeflüe, Furggenspitz, Wittenberghorn, die auffällige Rundkuppe des Tête de Clé und das Arnenhorn. Bei den Hütten von **Hinter Walig** hat man die Qual der Wahl: Während der sanfte Abstieg an den Arnensee (30 min) einige lockt, entschliessen sich Gipfelstürmer zur Besteigung des Walighürli (1h), von wo aus prächtige Einblicke zu den Gletschern und Gipfeln des Diablerets- und des Sanetschgebiets für die Strapazen des Aufstiegs entschädigen. Noch sind 70 Höhenmeter zu bewältigen, dann beginnt eine prächtige Höhenwanderung in der Kampfzone des Bergwaldes. Die baumbestandenen Alpweiden gestatten packende Tiefblicke zum stillen Arnensee.

In leichtem Auf und Ab gehts über die Alpen **Blatti** (über den Blattipass nach Gsteig 2h) und Ober Stuedeli. Ein beeindruckendes Bild stiller Bergabgeschiedenheit geniesst man bei den Hütten auf Alp **Seeberg** (nach Chalet-Vieux–Lac Retaud–Col du Pillon 2h15; über Unter Stuedeli zum Arnensee 30 min). In der Tiefe liegt der waldgesäumte Arnensee,

Erholsame Bergeinsamkeit, schroffe Berge, dunkle Wälder, üppige Alpen und ein stiller Bergsee: Blick über Alp Seeberg zum Arnensee und zu den Staldenflüe.

dahinter ist der tiefe Taleinschnitt des Tschärzisbachs zu ahnen; die wuchtig aufragenden Staldeflüe begrenzen den Horizont. Steil ist der Abstieg zum **Arnensee.** Über den Damm zur Alphütte Unter Stuedeli hinauf. Durch Bergwald gehts nun hinunter nach **Linders Vorschess** am Tschärzisbach und beinahe ebenen Wegs nach Schwänd, wo der recht steile Abstieg nach **Feutersoey** beginnt.

Gasthäuser unterwegs
Gasthaus Rössli, Reichenbach
3784 Feutersoey
☎ 033 755 10 12 oder 033 755 11 80
Restaurant Cheeserii, Ledi
3784 Feutersoey
☎ 033 755 15 00, Fax 033 755 16 60
Restaurant Huus am Arnensee
3784 Feutersoey ☎ 033 755 14 36

27 Im Färmeltal – mit der Natur «auf du und du»

6h30 St. Stephan–Dachbode–Bluttlig–Färmelberg–Färmeltal/Stalde–Matten

Bergwanderweg bis Färmenberg. Eindrückliche Bergwanderung hoch über dem Färmeltal an der sonnseitigen Flanke der Spillgerte-Gruppe. Der Rückweg führt abseits der Fahrstrasse im Talboden dem Färmelbach entlang talauswärts nach Matten. Selten sind leider die Bergtäler geworden, die ihren urtümlichen Charakter so unverfälscht bewahrt haben. Besonders im Herbst, wenn die Blätter der Bergahorne goldgelb leuchten und sich ein tiefblauer Himmel über den Bergen wölbt, ist die natürliche Farbpalette vollkommen (Bild S. 70/71).

Von der Station **St. Stephan** hinauf in die Hauptstrasse und auf dem Trottoir nach links ins Dorf Grodei. Nun durch den Bifang bergwärts halten. Links und rechts des Strässchens stehen mehrere Simmentaler Häuser, die unsere Aufmerksamkeit verdienen. Dem Graben entlang durch Wald steil aufwärts und auf dem Strässchen rechts hinüber zum Gehöft **Rüti**. Noch einmal gilt es tüchtig anzusteigen, dabei das Strässchen mehrmals berührend, bevor man oberhalb Gfellweideni die erste aussichtsreiche Terrasse erreicht. Beinahe ebenen Wegs auf weichem Wiesenpfad zum **Dachbode** (nach Färmeltal/Stalde 30 min).

Prächtiger Ausblick in den Lenker Talboden, ins Wildstrubel-Wildhorn-Gebiet, taleinwärts ins Färmeltal und zu den nahen Felsen der Spillgerte-Gruppe. Ein schmaler Hangpfad zieht sich nun fast horizontal durch Fichtenbestände, Schuttkegel und breite Lawinenzüge dahin. Für den aufmerksamen Wande-

DAS FÄRMELTAL. Beim Dorf Matten in der Gemeinde St. Stephan mündet das Färmeltal ins Tal der Simme. Selten besitzt ein Tal ein derart gut erhaltenes bäuerliches Siedlungsbild. Die hier in Wintermonaten oft drohende Lawinengefahr verhinderte das Entstehen von talfremden Bauten. Als 1972 eine neue Zufahrt ins Färmeltal gebaut wurde, ermöglichte man es den Talbewohnern, auch im Winter ins Haupttal, nach Matten hinab, zu fahren. Die alte, schmale Strasse, die Steigungen bis zu 34% aufweist, war von den Schneeräumfahrzeugen nicht zu bewältigen. Auf dieser alten Strasse sind heute vorwiegend Wanderer unterwegs, die dieses urtümliche Tal mit seinen schlichten Wohnhäusern und Scheunen, Alphütten und Wildheuerhäuschen, den blumenreichen Bergheumatten, den knorrigen Bergahornen und dunklen Nadelwäldern näher ergründen wollen.

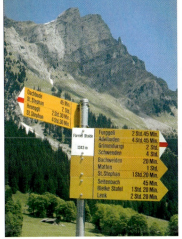

Ahorngruppen, dunkle Wälder, saftige Bergmatten, schroffe Felswände, schlichte Wohnhäuser und Scheunen, Alphütten und Wildheuerhäuschen sowie über allem ein tiefblauer Berghimmel und wohltuende Ruhe: Das Zauberwort für diese Stimmung heisst Färmeltal.

rer gibt es dabei viel zu entdecken: Orchideen im Felsschutt, Apollofalter im warmen Aufwind, giftige Aspisvipern manchmal mitten auf dem Weg! Durch sumpfigen Weideboden ansteigend erreicht man die Alp **Am undere Bluttlig.** Auch hier besteht wieder die Möglichkeit, die recht anstrengende Tour abzukürzen (nach Büel–Stalde 45 min). Steil zieht sich der Pfad nun Richtung Grimmifurggi (Übergang ins Diemtigtal) hinauf zur Alphütte **Am obere Bluttlig.** Die Anstrengung wird mit einer wunderbaren Höhenwanderung durch die *Färmelmeder* (höchster Punkt der Rundwanderung) belohnt: Rauflihorn, Türmlihore, Gsür und Albristhorn schliessen den Talkessel des *Färmelberges* eindrücklich ab. Über die Alp *Muri* und durch Wald gehts steil hinunter in den Talboden, den man im *Färmelläger* erreicht.

Nun schliesst sich eine ausserordentlich beschauliche, rund zweistündige Talwanderung abseits der Strasse an. Über Wiesland und durch Wald folgt man dem wilden Färmelbach. An *Gruebe, Büel, Stalde* und *Bachweiden* vorüber gehts recht steil hinunter nach *Mattehalte* (nach St. Stephan 45 min), wo die Möglichkeit besteht, in wenigen Minuten zur Station *Matten* abzusteigen.

Ein markierter Wanderweg gestattet Nimmermüden auch den Rückweg zu Fuss nach St. Stephan.

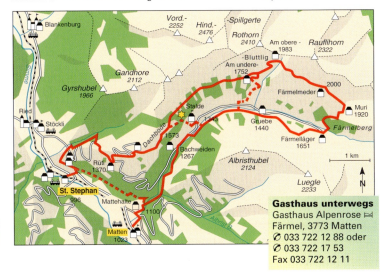

Gasthaus unterwegs
Gasthaus Alpenrose
Färmel, 3773 Matten
☏ 033 722 12 88 oder
☏ 033 722 17 53
Fax 033 722 12 11

Im Banne der Blüemlisalp

5h Kandersteg–Oeschinen–Heuberg–Oberbärgli–Oeschinensee–Kandersteg

Bergwanderweg ab Läger bis Oeschinensee. Firn, Gletscher, Fels und See – gibt es überhaupt Schöneres? Dazu kommen üppig blühende Bergmatten, harzdurftende Wälder und ein Bergwanderweg, der bis an den Fuss der Blüemlisalp heranführt. Diese Bergwanderung vermittelt einen herrlichen Einblick in die Gletscherwelt südlich des Oeschinensees, dazu einmalige Tiefblicke auf diesen. Bei Benützung der Sesselbahn Kandersteg–Oeschinen und zurück verkürzt sich die Wanderzeit um 2h. Bei Nebel und Neuschnee ist von der Begehung abzusehen. Ausserhalb der Ortschaft kaum Hartbelag.

Vom Bahnhof **Kandersteg** in die Dorfmitte. Bei der Kirche einige Schritte talauswärts und nach Überschreiten des Öschibaches sofort bergwärts halten. Nahe der *Talstation* der Sesselbahn beginnt die starke Steigung an den sonn-

DIE SAGE VON DER BLÜEMLISALP. Wo sich heute die Firnmulden und Gletscher der Blüemlisalp befinden, waren früher grasreiche Weiden. Die schöne, blumige Alp gehörte einem jungen Sennen, der mit seinen Knechten und einer grossen Herde jeden Sommer den Berg bezog. Einmal nahm sich der Senn ein junges Weib, das ihn zu allem Schlechten verleitete. Damit sie nicht auf den harten Steinen zu gehen brauchte, baute er von der Hütte zum Käsespeicher eine Treppe aus schweren, goldgelben Käsen, pflasterte diese mit Butter aus und wusch sie jeden Tag mit Milch sauber ab. Von diesem übermütigen Tun vernahm die alte Mutter des Sennen im Tale, und eines Tages machte sie sich auf den Weg, um ihren Sohn zu warnen. Matt, erschöpft und durstig langte sie oben an und bat um einen Trunk Milch. Da gab ihr der schlechte Sohn unter dem Gelächter seiner Frau ein Becken voller Molke, in die er Unrat gestreut hatte. Empört erhob sich die Mutter und sprach einen schrecklichen Fluch über ihn aus: «Der Berg soll sich mit Eis bedecken, und du und deine Kathrin und deine Herde sollen darunter begraben werden!» Dann nahm sie ihren Stab und stieg den steilen Weg ins Tal hinab. Kaum hatte sie die Alp verlassen, so löste sich vom Berggipfel ein grosser Teil des Gletschers, stürzte über die saftigen Triften hin und bedeckte die Menschen, das Vieh und die Hütten mit mächtigen Eis- und Firnmassen. Noch heute hört man zuweilen das Gejohle des sündigen Sohnes und das Brüllen seiner schönsten Leitkuh.

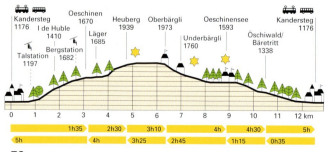

gebräunten Hütten *I de Huble* vorbei zur Alp **Oeschinen** (zum Oeschinensee 15 min). Hier mündet auch der von der *Bergstation* herführende Weg ein.

Oberhalb der Häuser im *Läger* (zum Oeschinensee 10 min) beginnt das wohl schönste Teilstück der Rundwanderung. Selbst Einheimische sind über den prächtigen Höhenweg, der sich erst durch Bergwald und dann direkt über den jäh zum Oeschinensee abfallenden Flühen hinzieht, des Lobes voll. Am **Heuberg** hat man den tiefblauen Bergsee beinahe senkrecht zu Füssen. Fast ebenen Wegs gelangt man nun zwischen den Fluhbändern zum **Oberbärgli**. Die Einsicht in die Blüemlisalp-Gruppe und zu Oeschinen-, Fründen- und Doldenhorn und deren Gletschern ist einzigartig. Von wilder Schönheit ist auch der steile Abstieg über Alpweiden und zwischen Felsbändern hindurch zum *Underbärgli* und zu den Ufern des weltbekannten **Oeschinensees.**

Von den Gletschern fallen die Wasser stiebend und tosend in den 60 m tiefen Bergsee. Entstanden ist er durch einen Felssturz vom Doldenhorn. Die Schuttmassen stauten seine Fluten. Sein Abfluss ist unterirdisch und tritt erst im Öschibach zutage, dessen Lauf entlang man nun weiter absteigt. Durch den lichten *Öschiwald* erreicht man bald wieder **Kandersteg.**

Tiefblau leuchtet der Oeschinensee durch die Stämme des Bergwaldes. Die bereitstehenden Gondeln laden zu beschaulicher Seefahrt nach beglückender Wanderung.

Gasthäuser unterwegs
Berghotel
zur Sennhütte ⌂ ⌂
Oeschinensee/Läger
3718 Kandersteg
☏ 033 675 16 42
Alp Oberbärgli
3718 Kandersteg
☏ 033 671 11 87
Berghaus
am Oeschinensee ⌂ ⌂
3718 Kandersteg
☏ 033 675 11 66
Fax 033 675 11 66
Berghotel
Oeschinensee ⌂ ⌂
3718 Kandersteg
☏ 033 6275 11 19 oder
☏ 033 675 16 76

29 Im Wanderparadies Grindelwald–First: rund ums Schwarzhorn

6h First–Hagelseewli–Häxeseeli–Wart–Scheidegg/Oberläger–First

Herrliche Bergwanderung für Liebhaber stiller Landschaften. Unterwegs unzählige Glanzpunkte: einmalig schöne Aussicht über den Bachsee zu den weltbekannten Berner Oberländer Bergriesen, weit in den Hochsommer hinein eisbedeckte Bergseelein, das abgeschiedene, an Schutt- und Felspflanzen reiche Hiendertelli, die überwältigende Aussicht vom Wildgärst aus (Abstecher vom Passübergang Wart), die weite Grindelalp am Fusse des Schwarzhorns. Viele Varianten gestatten eine individuelle Gestaltung der Wanderung. Durchwegs Naturwege. Wichtig: Bei Nebel und Neuschnee ist von der Begehung abzusehen. Auch bei gutem Wetter nur für orientierungssichere Bergwanderer geeignet.

Von der Bergstation der **First**-Bahn dem vielbegangenen Weg Richtung Faulhorn folgen (auch im Winter begehbar!). Schon nach wenigen Schritten bietet sich eine attraktive Variante an (–Bachläger–Bachsee–Pt. 2280, 1h20), die zusammen mit dem Hauptroutenteilstück eine sehr eindrückliche, kurze Rundwanderung ergibt. Bei jedem Schritt weitet sich das Panorama der Grindelwaldner Berge, selbst die Blüemlisalp wird im Westen sichtbar. Vor Erreichen des Bachsees, bei **Pkt. 2280,** den breiten Faulhornweg rechts verlassen (nach Bachsee–Gassenboden–Faulhorn 1h20) und an einem kleinen Seelein vorbei unterhalb der Felsflanken des Ritzengrätlis aufsteigen. Auf der Egg zum Sattel am

DIE FIRST ist ein Aussichtspunkt ersten Ranges. In nur 22 min Fahrzeit überwindet die moderne Kabinenbahn eine Fahrstrecke von 5226 m mit einer Höhendifferenz von 1104 m. Die geräumigen sechsplätzigen Kabinen gestatten dabei eine stets sich weitende Panoramasicht und erlauben die Beförderung von 1200 Personen pro Stunde. Der Chronist Grindelwalds, Viktor Boss, beschrieb die First mit folgenden Worten: «Ein jedes Haus hat eine Sonn- und eine Schattseite. Ein jedes Schweizerhaus hat aber auch eine First, und man braucht nicht Dachdecker zu sein, um zu wissen, dass der Blick von der First aus jeden Fensterausblick des betreffenden Hauses übertrifft. Die First ist der Aussichtsgiebel Grindelwalds. Nirgends kann man so gut ins Tal und gleichzeitig so weit in die Berner Alpen hineinblicken, als von First aus. ‹Eppis scheeners gits nimma!› rufen selbst die berggewohnten Grindelwaldner aus.»

**Bachsee mit Panorama.
Ein weltbekanntes Bild:
In unvergleichlicher
Majestät spiegeln
sich Schreckhorn,
Finsteraarhorn und
Fiescherhörner bei
Windstille im Bachsee
an der Route zum
Faulhorn.**

Tierwang umbiegen (zum Faulhorn 1h). Die Stille der Bergwelt wird beim Abstieg zum **Hagelseewli** immer eindrücklicher. Am oft bis in den späten Hochsommer noch teilweise zugefrorenen Seelein vorüber erreicht man über einen weiteren Sattel das *Hiendertelli* (Hühnertälchen). Auffallend ist der ausgeprägte Gegensatz zwischen Sonn- und Schattseite: links ein begrünter Hang, rechts eine von den Felsen des Widderfeldgrätlis überragte durchgehende Schutthalde. In der Mulde des **Häxseelis** werden die nackten Felsflächen grösser, das Grün wird rar, und dennoch behaupten sich zahlreiche Schutt- und Felspflanzen. Der Pfad verliert sich. Einzig die weiss-rot-weisse Bergwegmarkierung weist den Weg durch eine urweltlich verkarstete Landschaft. Die Richtung beibehaltend erreicht man über einen Moränenwall den Wegweiser **Wart** im Sattel zwischen Wildgärst und Schwarzhorn (der Abstecher zum lohnenden Aussichtspunkt Wildgärst wird sehr empfohlen! 30 min).

Der sehr steile Abstieg führt dem Blaugletscher, einem Firnschneefeld, entlang und am markanten Schrybershörnli vorüber zum **Oberläger** auf der **Scheidegg**. Herrlich ist der Blick durchs Rosenlauital zum Titlis, zu den Fünffingerstöcken am Sustenpass und in die nahe Zackenreihe der Engelhörner. Auf **Gratschärem** (nach Grosse Scheidegg 20 min) dreht man rechts ab, wählt den oberen Weg (oder den etwas weiter unten verlaufenden Fahrweg) und erreicht sanft durch Heidelbeer-, Heidekraut- und Zwergwacholderbestände ansteigend am Alphüttendörfli von *Grindel/Oberläger* vorüber wieder die **First**.

Gasthaus unterwegs
Berggasthaus First, First
3818 Grindelwald
☏ 033 853 12 84, Fax 033 853 53 12

30 Rund ums Glogghüs – Bergerlebnis total!

7h40 Käserstatt–Planplatten–Balmeregghorn–
Melchsee-Frutt–Hochstollen–Käserstatt

Ausserordentlich schöne, abwechslungsreiche, aber nicht minder anspruchsvolle Rundtour über Alpweiden, Berggrate, Gipfel und zu schönen Bergseen. Unterwegs unzählige Aus- und Tiefblicke zu den Engelhörnern, in die Wetterhorngruppe, ins Grimsel- und Sustengebiet, zu den Wendenstöcken und zum Titlis, ins Gental, Melchtal und ins Haslital. Viele Varianten gestatten die Kürzung dieser ausgiebigen Wanderung. Der zweite Teil der Rundtour (ab Melchsee) bleibt aber ausschliesslich ausdauernden, berggewohnten Wanderern vorbehalten, verläuft der Weg über den Hochstollen doch recht exponiert. Bei Nebel oder Neuschnee ist von der Begehung dieses Teilstücks abzusehen. Kaum Hartbelag.

Die Bergstation **Käserstatt** der Gondelbahn ist ein beliebter Ausgangspunkt für Höhenwanderungen im Hasligebiet. In östlicher Richtung folgt man dem weiss-rot-weiss markierten Weg durch die Flanke der Mägisalp. In leichter Steigung erklimmt er das Grätchen an der Nordseite der Leitistöcke und führt dann in leichtem Auf und Ab zu den Hütten auf den **Hääggen** (nach Hohsträss 40 min – Käserstatt 1h10) empor. In sanfter Steigung, später ebenen Wegs, gelangt man nach rund 10 min zum Wegweiser oberhalb Hinder Tschuggi auf der Mägisalp

HASLIBERG Im schwarz-goldenen Wappen des Oberhasli breitet ein Adler mit drohenden Fängen und krummem Schnabel seine Schwingen aus. Nach der Sage soll ein Kaiser das stolze Feldzeichen einst einer Kriegerschar geschenkt haben. Auch das Siegel trägt das gleiche Wappen. Es bekräftigt eine Urkunde vom 7.Januar 1296. Der deutsche Wortlaut «DIS S(iegel) IST DER GEMEIND VON HASLE» lässt dieses zur Rarität werden, wurden damals Verurkundungen doch fast ausschliesslich lateinisch verfasst. Darin wird festgehalten, dass das Gebiet zwischen Brienzersee, Grosser Scheidegg, Grimsel, Susten, Jochpass und Brünig «eine Gemeind», das freie Reichsland Hasli war, welches am 16. Juni 1275 mit der Reichsstadt Bern ein erstes Bündnis beschworen hatte. Reformationswirren und Unterdrückung durch das machthungrige Bern brachten den Haslern schwere Tage. Auch heute noch ist das Leben auf abseitiger Alp nicht sorgenfrei. Nur ein überzeugtes Zusammenwirken der Kräfte aus Landwirtschaft und Tourismus vermag die Existenz langfristig zu sichern.

(Pkt. 1970; nach Mägisalp/Gondelbahn 40 min – Käserstatt 1h40), wo der Anstieg durch die Ostflanke des Alpkessels zu den **Planplatten** beginnt. Vom Grat aus sind Bergstation der Gondelbahn, Panorama-Restaurant und Gipfel in 10 min zu erreichen. Beinahe senkrecht in der Tiefe liegen Alp Schlafenbielen und das Gental. Die Fernsicht Richtung Titlis, Susten, Grimsel und Grosse Scheidegg ist überwältigend. Auf breitem Bergpfad nordostwärts weiter und über den Grat zum **Balmeregghorn.** Besonders schön ist der Blick auf Melchsee, Tannensee und Engstlensee, auf die Titlisgruppe und in die Hochgebirgswelt zwischen Sustenpass und Wetterhorngruppe.

Der Abstieg vom Balmeregghorn folgt dem Verlauf der Sesselbahn. In Melchsee/Distelboden (dem nördlichen Seeufer entlang, auf der Strasse nach Melchsee-Frutt 20 min) links halten und dem Südufer des Sees entlang nach **Melchsee-Frutt,** das sowohl durch eine Fahrstrasse wie durch eine Luftseilbahn mit dem Grossen Melchtal verbunden ist.

Der Anstieg zum Hochstollen führt anfänglich fast ebenhin am *Blausee* vorbei in den Kessel der Aa-Alp. Hinten im Grund gehts aber sehr steil durch Geröllhalden zum **Abgschütz** hinauf. Gleich nach Durchschreiten des Sattels ist ein felsiger Steilabbruch zu bewältigen, dessen Begehung zu äusserster Vorsicht

Ausblick vom Glogghüs oberhalb Mägisalp zur Wetterhorngruppe.

zwingt. Knapp unter der Gratkante zieht sich der Pfad hinauf zum **Hochstollen.** Welch herrlicher Rundblick: Das Wirrwarr von Graten und Tälern wirkt trotz allem harmonisch. Über gute Felsstufen gehts nun steil hinunter zum *Wit Ris*. Auch hier ist äusserste Vorsicht angebracht. Über die Rippe der **Hohsträss** hält man nun auf die bereits sichtbare Bergstation der Gondelbahn Twing (Hasliberg)–**Käserstatt** zu.

Gasthäuser unterwegs
Berghaus Käserstatt
6084 Hasliberg Wasserwendi
☏ 033 971 27 86
Alpwirtschaft Hääggenstubeli
Hääggen, 6085 Hasliberg Goldern
☏ 033 971 49 29
Panoramarestaurant Alpen tower
Planplatten, 6086 Hasliberg Reuti
☏ 033 972 53 26, Fax 033 971 48 01
Hotel Distelboden
6068 Melchsee-Frutt
☏ 041 669 12 66

Kartenverzeichnis

Route

Wanderkarte 1:60 000
*Hallwag
Kümmerly+Frey*

1 **La Neuveville–Prêles–La Neuveville**	Berner Jura–Seeland
2 **St-Imier–Combe Grède–St-Imier**	Berner Jura–Seeland
3 **Les Reussilles–Etang de la Gruère–Les Reussilles**	Berner Jura–Seeland
4 **Plagne–Montagne de Romont–Plagne**	Berner Jura–Seeland
5 **Moutier–Gorges de Court–Moutier**	Berner Jura–Seeland
6 **Gampelen–Erlach–Gampelen**	Berner Jura–Seeland
7 **Lüscherz–Gerolfingen–Lüscherz**	Berner Jura–Seeland
8 **Lyss–Aarberg–Lyss**	Berner Jura–Seeland
9 **Port–Petinesca–Port**	Berner Jura–Seeland
10 **Büren a.A.–Meinisberg–Büren a.A.**	Berner Jura–Seeland
11 **Rumisberg–Schwängimatt–Rumisberg**	Emmental–Oberaargau
12 **Aarwangen–Murgenthal–Aarwangen**	Emmental–Oberaargau
13 **Herzogenbuchsee–Steinhof–Herzogenbuchsee**	Emmental–Oberaargau
14 **Melchnau–Hohwacht–Melchnau**	Emmental–Oberaargau
15 **Dürrenroth–Ursenbach–Dürrenroth**	Emmental–Oberaargau
16 **Heimiswil–Lueg–Heimiswil**	Emmental–Oberaargau
17 **Eriswil–Ahorn–Eriswil**	Emmental–Oberaargau
18 **Fankhaus–Napf–Fankhaus**	Emmental–Oberaargau
19 **Signau–Moosegg–Signau**	Emmental–Oberaargau
20 **Innereriz–Ober Breitwang–Innereriz**	Emmental–Oberaargau
21 **Fraubrunnen–Scheunen–Fraubrunnen**	Berner Jura–Seeland
22 **Bern/Gäbelbach–Wohlei–Bern/Gäbelbach**	Berner Mittelland
23 **Stettlen–Laufenbad–Stettlen**	Berner Mittelland
24 **Rüeggisberg–Bütschelegg–Rüeggisberg**	Berner Mittelland
25 **Wasserscheide–Süftenenegg–Wasserscheide**	Berner Mittelland
26 **Feutersoey–Arnensee–Feutersoey**	Saanenland–Simmental–Kandertal
27 **St. Stephan–Färmeltal–Matten**	Saanenland–Simmental–Kandertal
28 **Kandersteg–Heuberg–Kandersteg**	Saanenland–Simmental–Kandertal
29 **First–Wart–First**	Jungfrau-Region–Oberhasli
30 **Käserstatt–Melchsee-Frutt–Käserstatt**	Jungfrau-Region–Oberhasli

Als wertvolle Ergänzung zum Wanderbuch steht eine grosse Auswahl an Kartenmaterial zur Verfügung. Wanderkarten und Landeskarten sind im Buchhandel oder bei der Geschäftsstelle der **Berner Wanderwege**, Postfach, 3000 Bern 25 erhältlich. Mitglieder des Vereins Berner Wanderwege geniessen daselbst eine Preisermässigung.

Wanderkarte 1:50 000 Schweizer Wanderwege/ Landestopographie	Landeskarte 1:50 000 Bundesamt für Landestopographie	Landeskarte 1:25 000 Bundesamt für Landestopographie
232 T Vallon de St-Imier	232 Vallon de St-Imier	1145 Bieler See
232 T Vallon de St-Imier	232 Vallon de St-Imier	1124 Les Bois
		1125 Le Chasseral
222 T Clos du Doubs	222 Clos du Doubs	1104 Saignelégier
232 T Vallon de St-Imier	232 Vallon de St-Imier	1105 Bellelay,
		1124 Les Bois
		1125 Le Chasseral
233 T Solothurn	233 Solothurn	1126 Büren a.A.
223 T Delémont	223 Delémont	1106 Moutier
232 T Vallon de St-Imier	232 Vallon de St-Imier	1145 Bieler See
232 T Vallon de St-Imier	232 Vallon de St-Imier	1145 Bieler See
233 T Solothurn	233 Solothurn	1146 Lyss
233 T Solothurn	233 Solothurn	1126 Büren a.A. 1146 Lyss
233 T Solothurn	233 Solothurn	1126 Büren a.A.
223 T Delémont	223 Delémont	1107 Balsthal
224 T Olten	224 Olten	1108 Murgenthal
233 T Solothurn	233 Solothurn	1127 Solothurn
234 T Willisau	234 Willisau	1128 Langenthal
234 T Willisau	234 Willisau	1128 Langenthal
234 T Willisau	234 Willisau	1128 Langenthal
		1148 Sumiswald
233 T Solothurn	233 Solothurn	1147 Burgdorf
234 T Willisau	234 Willisau	1148 Sumiswald
234 T Willisau	234 Willisau	1148 Sumiswald
234 T Willisau	234 Willisau	1149 Wolhusen
244 T Escholzmatt	244 Escholzmatt	1168 Langnau i.E.
		1169 Schüpfheim
243 T Bern	243 Bern	1167 Worb
244 T Escholzmatt	244 Escholzmatt	1168 Langnau i.E.
244 T Escholzmatt	244 Escholzmatt	1188 Eggiwil
254 T Interlaken	254 Interlaken	1208 Beatenberg
233 T Solothurn	233 Solothurn	1146 Lyss
		1147 Burgdorf
243 T Bern	243 Bern	1166 Bern
243 T Bern	243 Bern	1167 Worb
243 T Bern	243 Bern	1186 Schwarzenburg
		1187 Münsingen
253 T Gantrisch	253 Gantrisch	1206 Guggisberg
262 T Rochers de Naye	262 Rochers de Naye	1265 Les Mosses
263 T Wildstrubel	263 Wildstrubel	1266 Lenk
263 T Wildstrubel	263 Wildstrubel	1246 Zweisimmen
		1247 Adelboden
263 T Wildstrubel	263 Wildstrubel	1247 Adelboden
264 T Jungfrau	264 Jungfrau	1248 Mürren
254 T Interlaken	254 Interlaken	1209 Brienz
		1229 Grindelwald
255 T Sustenpass	255 Sustenpass	1170 Innertkirchen

Karte und Kompass

Kartenlesen leicht gemacht

Übung macht den Meister! Dieses Sprichwort zeigt gerade beim Kartenlesen seine besondere Berechtigung. Im Umgang mit der Karte Geübte vermögen sich eine Landschaft recht genau vorzustellen, dies sogar ohne naturnahe Einsicht. Kartenlesen ist jedoch eine exakte Wissenschaft. Unaufmerksamkeit und Halbheiten rächen sich sofort.

Von der Ansicht zum Grundriss

In der Landschaft erscheinen nahe gelegene Objekte gross, entfernter liegende

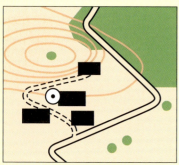

dagegen klein. Ein Haus, ein Baum, ein Wald oder ein Hügel verdecken möglicherweise grössere Gebiete. Nicht so auf der Karte: Hier wird die Landschaft aus der Vogelschau betrachtet. Die senkrechte Betrachtungsweise gestattet die Einsicht in den hintersten Winkel einer Gegend.

Von Distanzen und Koordinaten

Auf Karten ist in den meisten Fällen ein Verkleinerungsmassstab vermerkt. Dieser gibt an, in welchem Umfang die Wirklichkeit verkleinert dargestellt worden ist. Der Massstab 1:25 000 beispielsweise drückt aus, dass Distanzen 25 000 mal kleiner eingezeichnet worden sind. Ein Strassenstück von 1 km Länge schrumpft also auf eine Strecke von 4 cm zusammen.

Auf den topografischen Karten ist ein rechtwinkliges Kilometernetz aufgedruckt. Die Koordinaten durch die alte Uni-Sternwarte Bern haben den Wert 600 und 200. Mit 600 wird die Nord-Süd-Achse bezeichnet, mit 200 die Ost-West-Achse. Die Zahlen sind Kilometerangaben, zusätzliche Meter werden in einer dreistelligen Zahl angefügt. So hat beispielsweise die Bahnstation auf dem Jungfraujoch die Koordinaten 641 725/ 155 300. Mit Hilfe der Koordinaten kann jeder Ort in der Schweiz genau bestimmt oder gefunden werden.

Von Höhen und Niederungen

Aus der Vogelschau sieht ein Berg ganz anders aus. Seine Höhe ist kaum abzuschätzen. Höhenkurven, Höhenkoten und die Reliefschattierung (Schummerung) machen es möglich, Höhen und Niederungen anhand der Karte zu differenzieren. Je enger die Kurven, desto

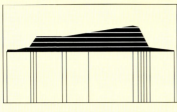
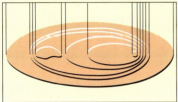

Und nun gehts ins Gelände

Mit Hilfe des Kompasses oder der Uhr wird die Karte in Nordlage gebracht. Macht man sich nun auf den Weg, hält man die Karte am besten so, dass sie mit dem Gelände und mit der Gehrichtung übereinstimmt. Das heisst, dass die

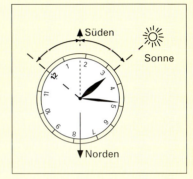

steiler das Gelände. Die Farben der Kurven weisen auf unterschiedliche Bodenarten hin: Braun = Gelände mit Vegetation, Schwarz = Geröll und Fels, Blau = Eis, Firn und Seetiefen.

Signaturen

Auf einer Karte können nie alle Einzelheiten vermerkt werden. Je nach Massstab müssen sie zahlenmässig zusam-

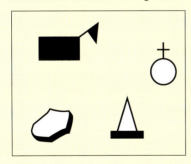

mengefasst und graphisch vereinfacht dargestellt werden.
Signaturen sind so gewählt, dass sie möglichst ohne grosse Legende auskommen.

Karte zuweilen auch auf dem Kopf steht. Besonders bei Nebel und schlechter Sicht können Kompass und Höhenmesser lebenswichtig werden. Mit letzterem kann neben der Meereshöhe des Standorts auch die Weiterentwicklung des Wetters abgeschätzt werden.

Wer die Wahl hat, hat die Qual

Das breite Angebot an Wander- und Landeskarten wird jedem Wunsch gerecht: In den Wanderkarten von Hallwag Kümmerly+Frey sind die meisten Wanderrouten verzeichnet. Der grosszügige Kartenausschnitt ermöglicht einen Überblick über die markierten Wanderrouten im Kanton Bern auf bloss fünf Blättern. Die Wanderkarte der Schweizer Wanderwege (SAW/L+T) weist die durch die Berner Wanderwege markierten Hauptrouten auf. Sie basiert auf dem Landeskartenwerk.
Die Landeskarte des Bundesamtes für Landestopographie (L+T) besticht durch ihre vorzügliche Präzision.

Die 6 grünen Regeln

Wer die Natur liebt, trägt Sorge zu Blume, Baum und Busch!
Wildwachsende Blumen und Pflanzen sind die Zierde am Wegrand. Wenn sie gedeihen sollen, benötigen sie ihren heimischen Boden. Viele von ihnen stehen unter Schutz.
Auch Bäume und Büsche sind lebende Wesen. Für Rücksichtnahme sind auch sie dankbar. Besonderer Schonung bedürfen Jungwuchs und Hecken, bilden sie doch den Lebensraum für viele Tierarten.

Wer freilebende Tiere liebt, gönnt diesen ihre Ruhe!
Mensch wie Tier brauchen Ruhe und Erholung. Die freie Natur ist der Ort, wo beides zu finden ist. Manche Tierarten sind schreckhaft und reagieren deshalb besonders empfindlich auf Störungen.
Bei rücksichtsvollem und aufmerksamem Verhalten lassen sich viele Tiere bequem vom Weg aus beobachten. Voraussetzung: Man gönnt sich die nötige Zeit!

Wer den Wald liebt, ist vorsichtig mit dem Feuer!
Der Wald ist nicht allein Erholungsraum, sondern zugleich Schutzwall gegen Wildwasser und Lawinen. 200 Jahre dauert es, bis ein starker Wald hochgewachsen ist. Wenige Stunden reichen aus, um ihn abzubrennen. Rücksichtsvolle Waldbesucher werfen weder Zündhölzer noch brennende Raucherwaren weg, erstellen keine willkürlichen Feuerstellen, achten auf herumfliegende Funken und löschen das Feuer sorgfältig. Nach längeren Trockenperioden und in trockenen Gebieten verzichten sie auf jegliches offene Feuer.

Wer die Natur liebt, passt auf, wohin er tritt!
Wanderwege werden mit grossem Aufwand unterhalten. Trampelpfade sind nicht nur unschön, sondern vernichten auch wertvolles Kulturland. In den Bergen kann unachtsames Gehen zudem gefährlichen Steinschlag auslösen.
Der Natur nähert man sich zu Fuss. Fahrzeuge gehören auf Strassen. Flur- und Waldwege sind weder Durchgangsstrassen noch Natur-Rennpisten. Querfeldeinfahrten schädigen die Pflanzenwelt und stören das Wild.

Solange Herz und Augen offen, um sich am Schönen zu erfreu'n,
solange, darf man freudig hoffen, wird auch die Welt vorhanden sein.

Wilhelm Busch

Wer sich verantwortungsbewusst verhält, packt seine Abfälle wieder ein!

Erholungssuchende möchten sich nicht über achtlos weggeworfenen Unrat ärgern. Herumliegende Plastiksäcke, Reste von Esswaren, Zigarettenstummel, Konservenbüchsen und Flaschen beeinträchtigen das Wandererlebnis. Herumliegende Abfälle können zudem zur Gefahr für Mensch und Tier werden.

Ebenso unverständlich (und darum auch verboten) sind das Autowaschen und der Ölwechsel in freier Natur.

Wer das Wandererlebnis sucht, nimmt Rücksicht auf andere!

Rücksichtnahme wird auf Wanderwegen ganz gross geschrieben: Fremdes Eigentum (auch Holzstösse und Obstbäume gehören jemandem!) wird respektiert, Wiesen und Felder werden nicht zertrampelt, Weidegatter werden dagegen stets geschlossen, weidenden Tieren gönnt man die Ruhe, Hunde werden, wo immer nötig, angeleint und weder in Viehtränken getränkt noch gebadet.

Dem Wandererlebnis abträglich sind plärrende Transistorradios und Motorenlärm.

Bergwandern – aber sicher!

Wandern ist eine ausgewogene, erlebnisreiche Erholungsart. Nichts ist dem Wandererlebnis abträglicher als falscher Ehrgeiz und Überschätzung der eigenen Kräfte. Sorgfältige Planung, richtige Ausrüstung und vernünftiges Verhalten tragen zum Gelingen einer Wanderung bei. Besonders das Bergwandern erfordert ein hohes Mass an Eigenverantwortung; dazu gehören:

Richtige Planung

Route der Jahreszeit anpassen (Schneeverhältnisse, Tageslicht).

Länge und Schwierigkeitsgrad der Bergwanderung auf Kondition und Können der schwächsten Gruppenmitglieder (Kinder) abstimmen.

Genügend Ausweich- oder Umkehrmöglichkeiten (z.B. bei Wetterumsturz, Schwäche) einplanen.

Erkundigungen über Wegverhältnisse (Schneefelder, Vereisungen) z.B. beim Verkehrsverein oder Hüttenwart einholen.

Aktuellen Wetterbericht beachten.

Bergwanderung frühmorgens beginnen und genügend Zeitreserven (Pausen, Unvorhergesehenes) einplanen.

Richtige Ausrüstung

In den Bergen kann das Wetter plötzlich und unerwartet umschlagen (Regen, Gewitter, Hagel, Schnee bis in tiefere Lagen auch im Sommer und Herbst). Darum ist eine zweckmässige Ausrüstung lebenswichtig:

Hohe Bergschuhe mit Profilgummisohle.

Kleidung auf unerwarteten Wetterumschlag ausrichten. Heute hat sich allgemein das Mehrschichtenprinzip durchgesetzt: Anstelle einer sehr warmen Jacke werden mehrere leichtere Kleidungsstücke übereinander angezogen.

Kälteschutz: Pullover, Mütze, Handschuhe, lange Hosen.

Sonnenschutz: Sonnenhut, -brille, -crème.

Wind- und Regenschutz.

Rucksack mit breiten und richtig angepassten Tragriemen und Hüftgurt.

Präzise Wander- und Landeskarten sowie Wanderbücher, evtl. Höhenmesser und Kompass.

Proviant und Getränke: Besonders für Kinder muss genügend Flüssigkeit mitgenommen werden. Keine alkoholischen Getränke während der Bergwanderung!

Für den Notfall: elastische Binde und Schnellverband (Pflaster), evtl. Rettungsfolie, Trillerpfeife, Taschenlampe.

Wanderstöcke können beim Abwärtsgehen eine wertvolle Hilfe sein, da sie eine entlastende Wirkung auf die Gelenke ausüben.

Richtiges Verhalten

Bergwanderungen nie allein unternehmen.

Die offiziell markierten Bergwanderwege (weiss-rot-weisse Farbstriche) nicht verlassen.

Kleine Schritte und gleichmässiges Tempo sparen bergauf Kraft und schonen bergab die Gelenke.

Den Oberkörper beim Abwärtsgehen nie nach hinten lehnen (Rutschgefahr).

Auch ohne Durst ist Trinken wichtig, denn das Durstgefühl hinkt dem tatsächlichen Flüssigkeitsbedarf hintennach.

Gletscher nur unter fachkundiger Führung begehen.

Schneefelder können gefährlich sein. Eine Rutschfahrt ist manchmal kaum mehr zu stoppen und kann in unübersichtlichem Gelände tödlich sein. Wenn der harte oder gefrorene Schnee keinen genügenden Halt bietet, ist es besser, umzukehren.

Kein Risiko bei Schlechtwettereinbruch, Unwohlsein (Schwäche) oder anderen Schwierigkeiten eingehen. Rechtzeitig umkehren und nichts erzwingen.

Die 6 Regeln zum Bergwandern

Planen Sie jede Bergwanderung sorgfältig!

Gehen Sie nie allein auf eine Bergwanderung!

Beobachten Sie ständig die Wetterentwicklung!

Achten Sie auf eine geeignete und vollständige Ausrüstung!

Informieren Sie Drittpersonen über Ihre Tour. Melden Sie sich bei der Ankunft am Ziel zurück!

Beachten Sie den Grundsatz «Im Zweifel umkehren!»

Abdruck mit freundlicher Genehmigung der Schweizerischen Beratungsstelle für Unfallverhütung bfu, Bern, aus «Bergwandern – aber sicher!»

Steckbrief der Berner Wanderwege

Die Berner Wanderwege sind ein *Verein* (Gründung: Mai 1937)

Der Verein Berner Wanderwege zählt rund *10 000 Mitglieder*. Die Geschäftsstelle befindet sich in Bern.

Das jährliche *Gesamtbudget* beläuft sich auf rund 2 500 000 Franken; davon werden rund fünf Sechstel mit *Eigenleistungen* (Mitgliederbeiträge, Zuwendungen, Einnahmen aus Verkauf von Wanderkarten und -führern sowie aus Bauleitungen und Projektierungen usw.) erbracht.

Wichtigste Aufgabe ist die *Planung* und *Markierung* der Wanderwege. Das Wanderroutennetz misst rund 10 000 km; davon sind rund 75% Naturwege. Für den Unterhalt der Markierung sorgen 78 ehrenamtlich tätige Bezirksleiter. Projektierungen und Beratungen gehören zur täglichen Arbeit unserer Fachleute.

Die *Berner Wanderwege* geben auch *Wanderbücher heraus, die das ganze Kantonsgebiet abdecken.*

Der *Wanderreisedienst* führt geführte Wanderungen und Wanderreisen durch. Er vermittelt Wanderreisen anderer führender Reiseveranstalter. Ein kompetenter *Auskunftsdienst* steht allen Wanderfreudigen kostenlos zur Verfügung.

Die *Berner Wanderwege* sind von den gelben Wegweisern und Rhomben her allgemein bekannt. Dass dahinter eine gemeinnützige Organisation mit engagierten Fachleuten steht, ist dagegen nicht geläufig.

Stellvertretend für den Kanton leisten die *Berner Wanderwege* auch die aus der Bundesgesetzgebung im Bernerland anfallenden Arbeiten.

Wer gerne wandert, unterstützt darum die Arbeit der Berner Wanderwege mit einer Mitgliedschaft!
Eine Beitrittserklärung befindet sich auf der dritten Umschlags-Seite.

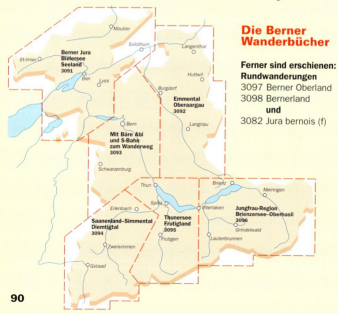

Die Berner Wanderbücher

**Ferner sind erschienen:
Rundwanderungen**
3097 Berner Oberland
3098 Bernerland
und
3082 Jura bernois (f)

Notfall – was nun?

Mit der Zahl der Wanderfreudigen steigt leider jedes Jahr auch die Zahl der Unfälle auf Wanderwegen. Oft ist die Ursache auf allgemeine Sorglosigkeit oder auf Selbstüberschätzung zurückzuführen. Die nachstehende Auflistung von Verhaltensmassnahmen bei Unfällen gilt einzig als Faustregel. Wo immer möglich ist Fachhilfe (Arzt, Rettungsdienst) beizuziehen. Die Empfehlungen stammen von der Ärztekommission für Rettungswesen SRK.

Erste Hilfe

Das richtige und sofortige Ausführen der Erste-Hilfe-Massnahmen kann über Leben und Tod von Verunfallten oder über bleibende Schäden entscheiden. Eine oder mehrere lebenswichtige Funktionen sind gefährdet oder gestört bei
- Bewusstlosigkeit (Erstickungsgefahr)
- Atemstillstand, Atemstörung (Erstickungsgefahr)
- starker Blutung, raschem und schwachem Puls (Verblutungsgefahr, Schockgefahr)

Faustregel

Erkennen des Zustandes von Verunfallten
- «G-A-B-I» hilft weiter:
- Gibt er/sie Antwort?
- Atmet er/sie?
- Blutet er/sie?
- Ist der Puls spürbar, wie?

Vorgehen bei einem Unfall
- Übersicht verschaffen:
- Art des Unfalls?
- Zahl der Verunfallten?
- Schweregrad der Verletzungen?
- Überlegen
  Weitere Gefahren (für Verletzte und Helfer)?
- Handeln
  Aus Gefahrenzone bergen
  Lebensrettende Sofortmassnahmen
  Alarmieren
  Weitere Erste-Hilfe-Massnahmen

Bergen von Verunfallten

Oft müssen Verunfallte aus der Zone unmittelbarer Gefahr entfernt werden. Hierzu eignet sich in vielen Fällen der Unterarmgriff:

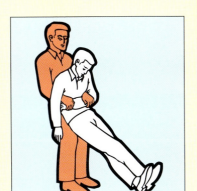

Bewusstlosigkeit

Zeichen drohender Erstickung:
- rasche, oberflächliche, unregelmässige, röchelnde, schnappende Atmung,
- Gesicht (Lippen) und Fingernägel blau verfärbt,
- keine sicht- und fühlbaren Brustkorbbewegungen,
- keine feststellbaren Luftbewegungen (Ohr vor Mund und Nase halten).
- Bewusstseinszustand durch Ansprechen, evtl. Kneifen (nicht durch Schütteln) beurteilen.

Bewusstlosenlagerung:
- Äusserst vorsichtig ausführen.
- Kopf nach hinten strecken.
- Gesicht schräg nach unten richten (ermöglicht Abfluss aus dem Mund, Zunge fällt nach vorn).

Atemstillstand

Spontanatmung des Verunfallten mit Hand und Auge prüfen (Bewegungen von Oberbauch und Brustkorb fühlen und beobachten).
Luftbewegungen mit Ohr feststellen (Ausatmungsluft hören und spüren).
Bei fehlender oder zu schwacher Atmung sofort Beatmung Mund zu Nase (bei Nasenverletzungen Mund zu Mund) durchführen.

Mund-zu-Nase-Beatmung:
- Verunfallten wenn möglich auf den Rücken legen. Kopf schonend, aber vollständig nach hinten strecken. Unterkiefer gegen den Oberkiefer drücken.
- 12–15 Beatmungsstösse pro Minute in die Nase blasen.
- Nach den ersten 2 Beatmungsstössen Kontrolle auf Eigenatmung durchführen.
- Wenn negativ, mit Beatmung weiterfahren, bis Eigenatmung einsetzt.

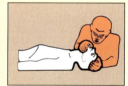  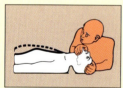

Blutungen

Äussere Blutungen

Bei starker Blutung

Innere Blutungen
sind schwer erkennbar, fast nur an zunehmenden Schockzeichen.

- Verunfallten flach lagern.
- Verletzten Körperteil hochhalten.
- Druckverband anlegen.
- Fingerdruck auf Schlagader.
- Notfalls Fingerdruck- oder Faustdruck direkt in die Wunde.
- Raschestmögliche Rettungsdienst-Hilfe und Transport ins Spital.

Schock

Schock tritt zum Beispiel auf bei:
- grossem Blutverlust (nach aussen oder nach innen),
- schweren Verletzungen.

Zeichen des Schocks:
- Haut blass, kühl, feucht,
- Puls rasch und schwach (über 100 Schläge pro Minute)

Erste Hilfe bei Schock:
- Blutstillung bei äusseren Blutungen.
- Alarmierung.
- Witterungsschutz.
- Überwachung und Betreuung.

Weitere Massnahmen

- Verletzte überwachen.
- Witterungsschutz.
- Bei Bewusstlosigkeit, Schock sowie Verletzungen von Kopf, Brust und Bauch nichts zu trinken geben.
- Unnötige Umlagerungen vermeiden

Internationales Notrufzeichen
Sechsmal in der Minute ein Zeichen geben (z. B. rufen, pfeifen mit Trillerpfeife, blinken mit Taschenlampe). Eine Minute warten. Wiederholen. Antwort: Dreimal in der Minute ein Zeichen geben.

Wichtige Telefonnummern
Rettung mit Helikopter	14 14
Sanitätsnotruf	144
Polizeinotruf	117
Wetterbericht	162

Rega-Notruf: 1414 (ohne Vorwahl) Schweizerische Rettungsflugwacht

Notsignale für Rettungshelikopter

Wir brauchen Hilfe!

Keine Hilfe nötig!

Meldeschema

- **Wer** meldet?
- **Was** ist geschehen?
- **Wo?** (genaue Ortsangabe)
- **Wann** ist der Unfall geschehen?
- **Wie** viele Personen sind betroffen?

Register

Die Ziffern geben die Routennummer an. Weil die Sprache lebt, sind Nomenklaturen ständigen Wechseln unterworfen. Die hier verwendeten Namen stützen sich auf die Landeskarte der Schweiz 1:50 000 und auf das Offizielle Kursbuch der Schweiz.

Aarberg 8
Aaresteg 10
Aarwangen 12
Abgschütz 30
Ahorn 17
Alte Aare 10
Arnensee 26
Arni 20
Aspi 8

Babeliplatz 14
Bachweiden 27
Baillive, La 2
Balmeregghorn 30
Bantiger 23
Bäretritt 28
Bas de la Praye 1
Bern/Gäbelbach 22
Bettler 17
Binel 21
Blasenflue 19
Blatti 26
Blausee (Aa Alp) 30
Bluttlig, Am undere,
  Am obere 27
Brästenegg 17
Breitwang, Ober 20
Brüel 16
Brunnenthal 21
Buechli 18
Büel 27
Bungerten 24
Büren an der Aare 10
Büren zum Hof 21
Burgäschisee 13
Bürglen 9
Bütschelegg 24

Cernil, Le 3
Chabisberg 15
Chalberweid 17
Champechnubel 18
Chapf 21
Chasseral 2
Chaumont, Le 3

Chaux des Breuleux, La 3
Chlosteralp 23
Chnebelburg 9
Cholgruebe (Ferenberg) 23
Cholgruebe (Geristein) 23
Chrüzboden 18
Combe du Pilouvi 1
Combe Grède 2
Combe, La 4
Court 5

Dachbode 27
Dürrenroth 15
Dürrschwändiwald 17

Egguriedegg 19
Eigenacher 8
Eriswil 17
Erlach 6
Etang de la Gruère 3

Fall 20
Fankhaus 18
Färmelberg 27
Färmelläger 27
Färmelmeder 27
Färmeltal 27
Farnern 11
Feiberg 7
Ferenberg 23
Festi 1
Feutersoey 26
First 29
Foll 9
Fraubrunnen 21
Frauenkappelen 22
Fribach 14
Fritzenflue 17

Gäbelbach 22
Gampelen 6
Gansenberg 15
Gärstler 16
Geristein 23
Gerolfingen 7
Gondiswil 14

Gorges de Court 5
Gratschärem 29
Grindel/Oberläger 29
Grindelwald/First 29
Gros Bois Derrière 3
Gruebe 27
Grüebli 18
Grüenenberg 20
Gruère, Etang de la 3
Gründen 15
Gschwänd 15
Gurnigel/Wasserscheide 25

Hääggen 30
Häberlig 21
Häftli/
  Beobachtungsturm 10
Hagelseewli 29
Hagneck 7
Hangebach 24
Häxeseeli 29
Heiligenlandhubel 16
Heimismatt 16
Heimiswil 16
Herzogenbuchsee 13
Heuberg 28
Hiendertelli 29
Hinderegg 11
Hinterholz 13
Hinter Sol 20
Hinter Walig 26
Hochstollen 30
Hohsträss 30
Höhstullen 18
Hohwacht 14
Höllchöpfli 11

I de Huble 28
Iffwil 21
Im Cheer 10
Innereriz/Säge 20
Ischerhubel/Schlossberg 14

Jäissberg 9
Jolimont 6

94

Kandersteg 28
Kappelen/Kartbahn 8
Käserstatt 30
Keltenwall 9
Kybi-Ranch 10

Läger (Oeschinen) 28
Langeten 17
Laufenbad 23
Leen 18
Legeli 11
Liental 24
Lignières 1
Linders Vorschess 26
Lobsigen 8
Löliwald 13
Lueg 16
Lüscherz 7
Lyss 8

Mattehalte 27
Matten 27
Mättiwil 24
Meinisberg 10
Melchnau 14
Melchsee/Distelboden 30
Melchsee-Frutt 30
Métairie des Plânes 2
Montagne de Romont 4
Mont Girod 5
Moosegg 19
Moutier 5
Muemetaler Weier 12
Mülistei 23
Muniberg 12
Murgbrücke 12
Murgenthal 12
Muri 27

Napf 18
Neuveville, La 1
Nidermatt 19
Niederönz 13

Oberbärgli 28
Ober Breitwang 20
Oberbütschel 24
Obergrien 8
Oberläger (Grindel) 29
Ober Studeli 26
Ober Wynau 12
Oeschinen 28

Oeschinensee 28
Ofeneggalp 19
Öli 9
Öschiwald 28

Pâturage du Mont Girod 5
Pauli 14
Perrotte, La 2
Petinesca 9
Petit Champoz 5
Petite Theurre, La 3
Plagne 4
Planplatten 30
Port 9
Prêles 1
Prés de la Montagne 4

Rain 13
Rainsberg 19
Reiben 10
Reussilles, Les 3
Riedbach-Mühle 22
Riedern 22
Riedernhubel 22
Ritzhütte 25
Roggwil-Wynau 12
Romont 4
Rotenbaum 16
Rotholz 8
Rotmoos 20
Rüeggisberg 24
Rumisberg 11
Rüti 27
Ruuschi 12

St-Imier 2
St. Stephan 27
Scheidegg/Oberläger 29
Schernelz 1
Scheunen 21
Scheurer Denkmal 6
Schiltwang 20
Schindlenberg 16
Schlossberg 14
Schmidwald 14
Schöniberg 21
Schüpfenflue 25
Schwänd 26
Schwängimatt 11
Schwefelbergbad 25
Seeberg 26
Seerain 7

Selibüel Sattel 25
Signau 19
Sol, Hinter 20
Stächelegg 18
Stalde (Färmeltal) 27
Steinhof 13
Stettlen 23
Stierenberg 11
Studen 7
Stuedeli, Ober 26
Stuedeli, Unter 26
Süderen 17
Süftenenegg 25
Sur le Crêt 3

Taanwald 24
Täuffelen 7
Theurre, La 3
Tierwang, 29
Trimle 18
Tschättebach 15
Tschugg 6
Tüfelsburdi 6
Tuxberg 26

Underbärgli 28
Untere Walenhütten 25
Unter Stuedeli 26
Ursenbach 15

Vauffelin 4
Vogelsang 8
Vorderfultigen 24

Walden 11
Walderalp 11
Waldhäusern 19
Walenhütten, Untere 25
Walig, Hinter 26
Walterswil/Egg 15
Walterswil/Höchi 15
Wart 29
Wasserscheide 25
Witmatt 10
Wit Ris 30
Wohlei 22
Wolfisberg 11
Wynau 12

Zitistuegg 16

95

Mehr Information über die Tätigkeitsbereiche der Berner Wanderwege

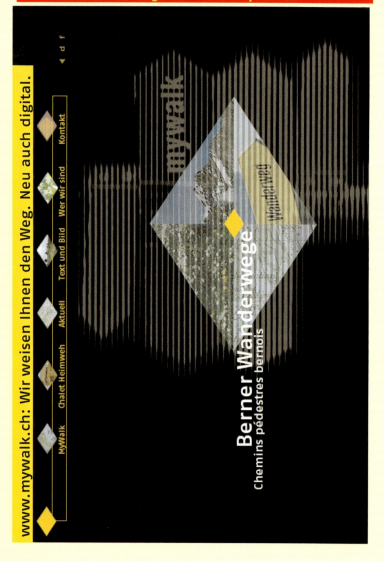